Detlev Arens

W0190380

DAS IST
KÖLN

Dom. Altstadt. Untergrund.

REGIONALIA

Bildnachweis

Archiv des Autors: 165

Klaus Simon: 4, 250 f., 253, 255, 257

Stephanie Henseler: 137, 139, 146, 147, 260

VG Bild Kunst Bonn, © Peter Willi (Artothek): 199

Wikimedia Commons: 2 (Dietmar Rabich), 7, 42, 91, 95, 99 l. u. r., 110, 111, 142, 164, 179, 185, 189, 192 f., 207, 217, 218, 220, 229, 233, 235, 237 r. (Raimond Spekking), 11, 81, 85, 97 r., 103, 153 o. (Willy Horsch), 17, 117 (Elya), 12 (VollwertBIT), 15 (Túrelio), 19 (Rolf Hahn), 20, 33, 210, 222, 223, 247 (Superbass), 23 (Neva Micheva), 24 (Marco Verch), 32 (Gordito1869), 31, 101 (Rolf Heinrich), 43 (KlausFoehl), 49 (Christian Fischer), 52 r. (Pharaoh han), 50, 63, 160 (A. Savin), 47, 59, 71, 68 l. u. r., 151, 158 (HOWI), 50 (Heinz Amberger), 52 l. (Bernd Haynold), 53 (own work), 55 (Mediatus), 74 l., 86 f., 92, 97 l., 125, 145 l. mi., 153 u., 201, 216 (Elke Wetzig), 78, 145 r. mi., 145 o., 145 u. (Factumquintus), 84, 115 (Hans Peter Schaefer), 93 (Raymond), 106, 126 (Welleschik), 109 (Hawobo), 113, 159, 245 (CEphoto), 119 (Beckstet), 123 (Ludwig Schneider), 129, 191 (Thomas Wolf), 155 (G. Friedrich), 156 (unbekannt, Einwohner-Adressbuch Siegkreis), 161 (B. Neulich), 167 (Neuwieser), 171 (Pkofler), 172 f. (El Grafo), 170 (Berthold Werner), 169 l. (Tohma), 169 r. (unbekannt), 177 (dronepicr), 181 (Geolina163), 183 (WDWensky), 186 (Kuebi), 188 o. (Hpschaefer), 188 u. (Bodow), 194 (Nicolas von Kospoth), 195 (Marcuc Cyron), 204 (Raymond), 203 u. (Thomas Robbin), 203 o. (Lichtwerbefabrik), 205 (Grafikdesign Köln), 209 (Rolf H.), 212 f. (Eckhard Henkel), 221 (Thomas Weidner), 231 (Anti), 237 l. (Frank Domahs), 240 (Sudorculus), 239 (Rufus46), 243 (Doppelklecks), 259 (Clemens M. Brandstetter)

Detlev Arens: Das ist Köln. Dom. Altstadt. Untergrund.
Copyright © 2016 Regionalia Verlag GmbH, Rheinbach
Alle Rechte vorbehalten

Einbandgestaltung, Lektorat, Korrektorat, Layout und Satz:
Handverlesen GbR, Bonn

Cover: Foto Vorderseite Wikimedia Commons (Thomas Wolf, www.foto-tw.de), Foto Rückseite Stephanie Henseler

Printed in Bosnia and Herzegovina

ISBN 978-3-95540-230-3

www.regionalia-verlag.de

Inhalt

Zweimal angesetzt

Eine Art Vorwort

Sie verstehen nur Bahnhof?

Über den Bahnhof hinaus fuhr unser Zug in den Kölner Dom
Die Lokomotive hielt vor dem Allerheiligsten
Und kniete sanft

Iwan Goll (1924)

Gibt es bundesweit einen Hauptbahnhof, der sich wie dieser zur Stadt hin öffnet, der sozusagen mit der Tür ins Haus fällt? Der Autor jedenfalls kennt keinen anderen. Gleich nebenan der Dom, gleich geradeaus die Hohe Straße. Und wie selbstverständlich ist es auch nur ein Katzensprung zum Rhein. Wirklich zum Rhein und nicht zur Rheinuferstraße.

Hohenzollernbrücke, Dom und Hauptbahnhof.

Apropos Kölner Dom: Der Kölner Hauptbahnhof ist sein Zwilling. Wie nirgendwo anders gilt hier die Feststellung, Bahnhöfe seien die Kathedralen der Moderne. Der Eindruck zwingender Zusammengehörigkeit drängt sich auf, wenn es von Deutz her über den Rhein geht. Schon die Brücke hält genau auf den gotischen Chor zu, historisch gesehen läuft sie sogar auf ihn hinaus. Und die Frage ist berechtigt, wer hier authentischer das 19. Jahrhundert verkörpert – in seiner Fortschrittsgläubigkeit und seiner Mittelalter-Sehnsucht.

Allerdings: Der Kölner Hauptbahnhof platzt immer wieder mal aus den Nähten. Er ist nach Norden erweitert worden und die nächste Erweiterung ist schon angekündigt. Außerdem: Auf der Schäl Sick, also der anderen Rheinseite, hat er eine Zweigstelle. Dennoch bleibt er ein Nadelöhr, seine innenstädtische Existenz hat etwas von Starrsinn. Aber wer hier aussteigt, ist wirklich angekommen.

Antippen der Euphoriebremse

Von den so genannten Reiseführern wird erwartet, dass sie ihren Gegenstand ins allerbeste Licht rücken. Dasselbe gilt für die Heimatbücher, jedenfalls soweit sie Kölnbücher sind. Nur hilft es selbst einem Lokalpatrioten nicht wirklich, sich in die Tasche zu lügen. Dafür läuft in Köln zu viel zu drastisch schief: angefangen vom Gezerre um die Archäologische Zone über das Debakel der Opernsanierung bis zum Einsturz des Stadtarchivs. Die Geschehnisse der Silvesternacht 2015/16 sind vorerst eine Art Sonderfall, allerdings einer, der den Ruf der Stadt stark beschädigt hat.

Das sind die offenkundigsten Beispiele, und sie verdanken sich leider keiner Momentaufnahme. Will heißen: Es schadet niemandem, und dem Leser zuallerletzt, wenn das Köln-Bild nicht nur in den rosigsten Farben gemalt wird. Außerdem: »Nichts, wenn nicht Gutes«, das ist die Maxime fürs Totengedenken.

»E Jeföhl«

Köln als Herzenssache

Wir packen den Stier bei den Hörnern. Am Anfang steht der Versuch, die Kölner Eigenart zu ergründen. Mit einem treuherzigen, womöglich auch nur achselzuckenden »Ich ben ene kölsche Jung, wat willste maache« soll es jedenfalls nicht getan sein. Doch einer ganz bösartigen Unterstellung muss gleich hier mit Nachdruck widersprochen werden: Keinesfalls ist das einzige wirklich charakteristische Merkmal der hiesigen Einwohnerschaft ihre Selbstbesoffenheit.

Kölsches Grundgesetz

Dieses Grundgesetz wird nicht feierlich überreicht. Dafür ist die Gefahr geringer, dass es in irgendeinem Winkel verstaubt. Manchmal springt es regelrecht ins Auge, hängt in Wohnzimmern, Treppenhäusern und Kneipen an prominenter Stelle – von seiner Präsenz auf Bierdeckeln und Kölschgläsern mal ganz abgesehen.

Das kölsche Grundgesetz wurde niemals verabschiedet, schon gar nicht mit Zweidrittelmehrheit. Es hat keinen Autor, auch kein Autorenkollektiv, als Verfasser ließe sich höchstens der Volksmund namhaft machen. Als Arrangeur des Gesamtwerks gilt der gebürtige Südtiroler und Kabarettist Konrad Beikircher, ein Mann von bemerkenswert multiplem Heimatempfinden.

Elf – wie könnte es anders sein –; elf Artikel hat das Werk, alle elf sind von kaum zu überbietender Kürze. Seine Essenz bieten die ersten zwei Paragraphen: »Et ess wie et ess« und »Et kütt wie et kütt.« Sie erfassen Gegenwart wie Zukunft, und beides vom gleichen Standpunkt aus.

Das kölsche Grundgesetz bietet also keine Rechtsnorm, sondern setzt auf die normative Kraft des Faktischen. Es stellt fest, ohne sich festzulegen, bündelt Lebensweisheiten, keine

Lebensmaximen. Aber, nur fürs Protokoll: Keineswegs sind seine Artikel bloße Redensarten.

Ein »Imi«, also der imitierte, nicht eingesessene Kölner könnte da einen Unterton von Resignation, gar Fatalismus heraushören. Wenigstens wird er sich fragen: Wo liegt da der Spielraum? Dieser liegt, könnte die Antwort heißen, in der Geschmeidigkeit, im virtuosen Umgang mit den Gegebenheiten. Vielleicht lässt sich sogar die Empfehlung herauslesen, auch aus widrigen Umständen das Beste zu machen.

Gegen die Resignation spricht entschieden § 3: »Et hätt noch emmer joot jejange.« Was übrigens auch die Blaskapelle intonierte, als der Zeppelin 1928 erstmals auf dem Flugplatz Butzweiler Hof landete. Es ging nicht gut, aber die Besatzung waren ja auch keine Kölner.

Jedenfalls strotzt dieser Leitsatz vor Optimismus. Er gibt sich als sicherer Wechsel auf die Zukunft, verdrängt die Empirie wie der Scheibenwischer den Regen. Auswärtige können den § 3 allenfalls als Beschwichtigung lesen. Eine Allgemeingültigkeit, die schon für die Vergangenheit widerlegt wurde, kann für die Zukunft nicht gelten.

Von Erfahrung gesättigt dann wieder Artikel 4: »Wat fott es, es fott.« Die Operettenweisheit »Glücklich ist, wer vergisst, was nicht mehr zu ändern ist« geht in dieselbe Richtung, nur eben längst nicht so forsch. Der folgende Artikel 5 blickt dann wieder nach vorn (»Et bliev nix, wie et wor.«). Man muss den sinnenden Unterton mithören, um den Satz nicht gleich den Binsenwahrheiten zuzuschlagen. Ganz anders Artikel 6: »Kenne mer nit, bruche mer nit, fott domet.« Das klingt dann doch nach Maxime und geradezu herrisch. Die unausbleibliche Veränderung trifft auf das höchstmögliche Maß an Beharrung.

Nach hinten hinaus wird es dann eine Spur beliebiger, wohl auch deshalb, weil es unbedingt elf Artikel sein müssen. Die Weisheit verliert sich zunehmend, Artikel 9 und 10 formulieren sogar nur Fragen. Auf die fundamentale »Wat soll dä Käu?« (»Was soll der Blödsinn?«) folgt »Drinks de ejne met?« Aber auch das ist keine beiläufige Frage. Es wäre voreilig, sie als Einladung zu verstehen, sie ist aber doch eine Aufforderung, sich dazu zu gesellen. Und das zeugt von einer Offenheit im Miteinander, wie ein Imi sie in anderen Millionenstädten der Republik nicht antreffen kann.

Grundsätzlich wird's dann wieder im letzten Artikel: »Do laachste Disch kapott.« Damit ist keine Pointe im Speziellen gemeint, sondern eine Weltsicht. Bei der Absurdität des Großen und Ganzen bleibt nur Gelächter. Und sei es eins mit tödlichem Ausgang.

Mentalität – eine Annäherung

In der Kölner Altstadt, ganz in der Nähe des Denkmals für Tünnes und Schäl, steht die »Schmitz-Säule«. Der verdiente Kölner Joseph (»Jupp«) Engels hat sie gestiftet, ihren Standort nennt eine Tafel auf dem Postament »Martinsinsel«, also den Flecken Erde, den ein alter Rheinarm vor dem Bau von St. Martin vom Festland trennte (siehe S. 59).

»Schmitz-Säule«, Kölner Altstadt.

Etwas kleiner steht geschrieben, dass sich hier »römische Legionäre mit blonden Ubiermädchen« trafen. Die Mitteilung als Botschaft: Der kölnische Uradel (Schmitz) ist seit jeher eine Synthese aus Eigenem und Fremdem. Wobei ja ganz genau genommen auch die »Ubiermädchen« nicht völlig bodenständig waren, aber das ist in Anbetracht ihrer Haarfarbe Haarspalterei.

Demnach ist den Kölnern ihre Weltoffenheit schon in die stammesgeschichtliche Wiege gelegt. Und mit ein wenig Empathie lässt sich aus dieser Offenheit alles entwickeln, zuerst die Toleranz (»ob de Hohn bess oder Hahn«), dann die Rede- und Feierfreudigkeit. Verständigung fußt auf möglichst vielen Worten, und die Feierfreude, wohlgemerkt Feier-*freude*, nicht Feierlichkeit, leistet der Verständigung Vorschub. Fazit: Der Kölner ist exakt so wie sein Klischee.

Wenigstens der männliche Kölner. Er firmiert bis ins hohe und höchste Alter als »dä Jung«. Gerade im Kürzel liegt der Anflug von Zärtlichkeit, da muss gar nicht ausdrücklich vom »lieben Jung« die Rede sein. Der »kölsche Jung« jedoch ist ganz klar eine Steigerung, und er kann gar nicht oft genug besungen werden. Entweder tränenfeucht-treuherzig von den Altstars (»Ich ben auch söns nit schlääch, nä, ich ben brav«) oder von den Brings ein paar Nummern forscher und rockiger (»op d'r Stross han ich ming Sprooch geliehrt«).

Tünnes-und-Schäl-Denkmal im Martinsviertel.

Aber damit sind wir beim Wasser im Wein der kölschen Mentalität. Der kölsche Jung tut sich mit dem Erwachsen-

werden schwer. Und ist er aus Fleisch und Blut, kann er fast virtuos vom Selbstbewusstsein ins Selbstmitleid wechseln.

Die auswärtigen Ankläger formulieren zwei Hauptvorwürfe: Erstens können die Hiesigen in ihre Leutseligkeit ohne Weiteres eine Prise Tücke mischen, zweitens ist die Kehrseite ihrer Offenheit die Unverbindlichkeit. Mimisches Pendant der Tücke ist das Grienen. Der »Jrielächer« lacht eben nicht, er grinst. Während zum Humor das unverstellte Mienenspiel gehört, hat seine inwendige Heiterkeit etwas Klammheimliches, meint nicht Freude, sondern Schadenfreude.

Und natürlich hat Kölner einen Ruf als Saumseliger zu verteidigen. Wie so häufig ist er berufen, rheinische Eigentümlichkeiten auf die Spitze zu treiben. Seine Unzuverlässigkeit streift das Legendäre. Jeder Leser kennt dafür so viele Beispiele, dass er hier nicht mit weiteren gelangweilt werden muss. Gern wird der Westfale, auf dessen Wort unbedingter Verlass ist, als Vertreter der Gegenwelt angeführt.

Und für die Selbstbezogenheit des Kölners gibt es die schöne Anekdote von seiner Faszination durch die Fische im »Aquarium«. Stundenlang und regungslos verharrt er vor der Scheibe. Bis ihm die Aufsicht freundlich auf die Schulter tippt, weil geschlossen wird. Aus der tiefen Versunkenheit ins Aquatische taucht der Kölner mit dem Satz auf: »Dä janze Daach em Wasser, künnt isch nit.«

»Kölle, Kölle«: immer wieder neue Lieder und das alte Lied

22 000, rund, aber konservativ gerechnet. 22 000 Kölner Lieder und jede Session kommen etliche dazu. An diese Größenordnung reicht allenfalls das »Wienerlied« heran. Dessen fester Umriss fehlt den Kölner Liedern. Dafür können sich »kölsche Tön« auf ihre Wesensverwandtschaft mit dem Karneval berufen. Aus dieser Affinität folgt, dass zumindest der Refrain das Zeug haben muss, aus dem Publikum widerzuhallen.

Erfahrungsgemäß macht es Singen leichter, ein- und damit übereinzustimmen, auch die Sprach-, genauer Dialektbarriere lässt sich so zwangloser überwinden. Dass Musik die Emotionen Huckepack nimmt, hat hier über die Binsenweisheit hinaus Bedeutung: eben weil Köln »e Jeföhl« ist. Zwar setzen auch andernorts lokalpatriotische Hymnen auf Gefühl, auf Heimatgefühl. Aber hier am Rhein werden Köln und/oder die Kölner in einem Lied nach dem anderen besungen.

Manchmal klagen die Musikgruppen, jedenfalls hinter vorgehaltener Hand. Das Publikum erwarte einfach Kölner Lieder, da bliebe einem gar nichts anderes übrig, als ständig neue zu präsentieren. Dass unter solchem Produktionsdruck die Qualität mit der Quantität nicht Schritt halten könne, sei doch klar. Gottlob sind nicht alle Kölner Lieder Köln-Lieder oder Lieder über Kölner. Aber sie sind der harte Kern. Verklärung liegt sozusagen in der Natur lokalpatriotischer Hymnen, nur feiern etliche Köln-Lieder derart penetrant die Einzigartig- und Einmaligkeit von Stadt und Bewohnern, dass es auch Kölnern von Geburt oder Berufung peinlich ist. Da wird gelobhudelt und beweihräuchert, was das Zeug hält. Höhepunkt der Originalität ist ein Refrain, der zunächst mehrfach versichert »Ich maach Kölle nit«, um mit »nä, nä ich lieb et« zu enden.

Generell gibt es zwei Sorten Kölner Lieder, die lauten, heute pauschal Kölschrock, und die leisen, früher gern die »besinnlichen« genannt. Die augenblicklichen Heilsbring(s)er schlagen den härteren Beat, wenn auch etwa auf Text und Melodie von »Man müsste noch mal zwanzig sein«. Immerhin muss die höhere Schlagzahl nicht zwingend heißen, dass sich ein intelligenter, jedenfalls authentischer Text erübrigt.

Die leiseren Lieder sind nicht mehr so gefragt, halten sich aber durchaus wacker, und das gilt keineswegs nur für den Willi-Ostermann-Klassiker »Heimweh nach Köln«. Der Autor lehnt sich nicht weit aus dem Fenster, wenn er »Meiers Kättchen« (»Ming eetste Fründin«, 1973) zu den entzückendsten Köln-Liedern zählt. Eine wirkliche Köln-Ballade und nicht totzukriegen, selbst wenn sie ihrem Verkörperer Tommy Engel zwischenzeitlich »zum Hals raus hing«.

Überhaupt sind es die »erzählten« Lieder, die mit einer Geschichte, die den meisten Charme haben. Auch die Paveier mit »Jo, su e Mädsche muss ich hann« (2002) oder die Bläck Fööss mit dem »Bickendorfer Büdche« (2006) erfüllen die Kriterien. Hauptkriterium ist natürlich, dass die Lieder außerhalb des Karnevals bestehen können, also kein saisonales, sprich sessionales Produkt sind.

Natürlich gibt es Auswärtige, die sich über die »Selbstbesoffenheit« mokieren. Aber zum Phänomen Köln gehört eben, dass viele immer wieder begeistert mitsingen. Offenbar treffen selbst die penetranten Köln-Lieder auf die Sehnsucht, dazuzuzählen. Das Mitsingen kommt einem Bekenntnis gleich. Egal, ob es nun um ganz Köln (»Du ming Stadt am Rhing«) oder um »unser Veedel« (»Denn he hält m'r zosamme«) geht.

Keine Kölner Lieder präsentiert BAP mit Wolfgang Niedecken. Seit fast vier Jahrzehnten sind sie im Geschäft, singen auf Kölsch und finden Widerhall selbst dort, wo ihr Gesang nicht immer verstanden wird. Dabei gibt es bei Niedecken, der einst »nit för Koche« zu Karneval in Köln bleiben wollte, so etwas wie Altersmilde. Er fährt im »Zooch« mit und schmeißt Kamelle. Aber die Band und ihre Musik zeigen sich in puncto Karneval weiterhin konsequent abstinent.

Unverfälscht? – Kölsch als Dialekt

> Hanak, do Rindvieh, Donnerkiel
> Do schälen Blötschkopp en Zivil.
> Do Klüttenboor, do Nümaatskrad
> Do aale Stockfesch, Trängsaldat,
> versoffen Ühl, do Labberitz [usw.]

Aus: *Ne Kölsche Explezeer*

Schimpfwörter sind keine Kosenamen. Aber wenn es dem Aufgebrachten nicht überhaupt die Sprache verschlägt, inspiriert ihn die Wut zu erstaunlichen Wortkaskaden. Gerade Beschimpfungen zeugen oft für den Reichtum der Mundart.

»Noh Kölle« – Wegweiser auf Kölsch.

Mit dem »kölschen Klaaf« ist das so eine Sache. Noch zu Schulzeiten des Autors stieß unser (Land-)Kölsch häufig auf Naserümpfen, es hatte für das vermeintlich bessere Gegenüber den Unterschichten-Geruch. Der Hinweis aufs »Honoratiorenkölsch« half wenig, eine vornehme Variante der Mundart schien bloße Fiktion. Dagegen führte das erzwungene Hochdeutsch oft zu grotesken Sprach-Verrenkungen. Heute ist es manchmal umgekehrt: Da versuchen sich manche Sprecher an Kölsch, und diese Versuche scheitern peinlich. Was übrigens auch für manche Gesangsgruppe gilt. Dann doch lieber Hochdeutsch?

Hartnäckig wird eine ominöse Untersuchung ins Feld geführt, die Kölsch hinter oder sogar neben Bairisch als bundesweit beliebtesten Dialekt ermittelt haben will. Dabei hatte die UNESCO noch vor ein paar Jahren sowohl Kölsch als auch Bairisch auf die Rote Liste der bedrohten Sprachen gesetzt.

Die Sprachwissenschaftler beim LVR-Institut für Landeskunde und Regionalgeschichte fassen zusammen: Platt ist rheinlandweit auf dem Rückzug. Das gilt allemal für große Städte wie Köln, den zweifellos verdienstvollen Bemühungen der »Akademie för uns kölsche Sproch« zum Trotz. Apropos Trotz: Schon die Gründung einer »Akademie« (also etwas ganz Feinem) 1983 ließ darauf schließen, dass hier dem drohendem Verlust auf höchstem Niveau die Stirn geboten werden soll.

Die Akademie hält denn auch stark dagegen: Mit Seminaren, mit Büchern wie einer (Kurz-)Grammatik, »kölschen Schreibregeln« und natürlich einem Wörterbuch. Eine Auszeichnung für die Absolventen gibt es natürlich auch. Und die Akademie unterstützt Initiativen, die Kölsch als Schulfach etablieren oder wenigstens zum Unterrichtsgegenstand machen wollen.

Natürlich lässt sich über Kölsch sehr gelehrt dozieren, es ist Variante des Ripuarischen, auch Nordmittelfränkisch genannt, das als Sprachgruppe wiederum zwischen dem Niederrheinischen und dem Moselfränkischen steht und so manche Merkmale des Übergangs aufweist.

Dann gibt es die Plage aller nah verwandten Sprachen, die »falschen Freunde«. Darunter werden buchstabengetreu übersetzte Vokabeln verstanden, die aber im Kölschen etwas ganz anderes bedeuten. Mit dem Wörtchen »fies« beispielsweise trifft das Hochdeutsche eine negative Aussage (siehe S. 18). Es kann jedoch im Kölschen als positive Steigerungsform eingesetzt werden und zu einen Verb gestellt so viel wie »außerordentlich« oder »sehr« bedeuten. In diesem Fall bewahrt meist der Sinnzusammenhang vor Missverständnissen.

Daneben ist manches Fremdwort eingemeindet worden. Beispielsweise heißt es »*der* Pütz«, weil es sich nicht um eine Plattverwandte der hochdeutschen und weiblichen Pfütze handelt, sondern aus dem Lateinischen kommt, wo das männliche *puteus* Brunnen heißt. Umgekehrt haben Anklänge ans Französische manche Worterklärer in die Irre geführt – sprachliche Hinterlassenschaften des Nachbarvolks sind oft nur vermeintliche.

Aber entscheidend ist doch der Faktor »Mundart«. Als Mundart kann Kölsch sogar von Stadtteil zu Stadtteil variieren und im Umland sowieso. Geringfügige Änderungen in der Aussprache lösen manchmal heftigen Streit darüber aus, »wie es richtig heißen muss«. Aber die Mundart ist das Medium für den Mutterwitz, sie gibt ihm seine Beweglichkeit.

Leider sind die Kraftworte im besten Sinn oft die ersten, die verschwinden. Inzwischen versuchen auch die Tageszeitungen, prägnante Kölsch-Vokabeln vom Abgrund des Vergessens zurückzureißen, *Artikel in der gälischen Wikipedia, über Kölsch.*

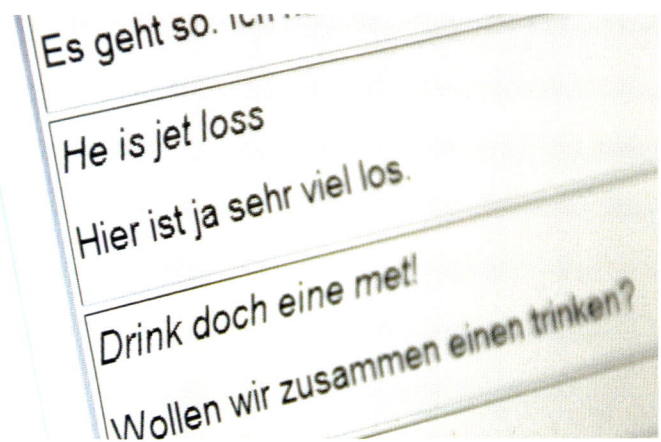

sie samt ihrer Bedeutung und Sprachgeschichte wieder ins öffentliche Bewusstsein zu heben.

> ### Zwei Wörter mit Fis-
>
> *Im Alltag der Stadt mag Kölsch (als Platt) eine immer geringere Rolle spielen. Doch diese beiden zählen noch heute zu den bekanntesten Vokabeln des Dialekts: »Fisematente« und »Fisternöll(che)«. Populär sind sie, weil sie nicht nur als Übertragungen aus dem Französischen gelten, sondern auch (oh là là) eine pikante Note haben. (Ohnehin kokettiert man hierorts gern mit sprachlichen Erbstücken aus der Franzosenzeit.)*
>
> *Den Fisematenten also liege die Einladung französischer Soldaten an die Kölner Mädchen zugrunde: »visite ma tent« (»besuch' mein Zelt«). Das Fisternöll kann dann ohne Weiteres auf die Folgen dieses Besuchs zurückgehen, den »Fils a noël«, den Nachwuchs, der zu Weihnachten eintrifft.*
>
> *Beides leider falsch. Die Fisematente bereichern als »Fisimatenten« schon seit dem 16. Jahrhundert den deutschen Sprachschatz und bedeuten laut Duden »leere Flausen«. Das Fisternöllche ist nur, dafür aber im ganzen Rheinland verbreitet – allerdings mit unterschiedlichen Bedeutungen. Doch die meistverbreitete ist »heimliche Liebelei« respektive ihr Objekt.*
>
> *So weit, so ernüchternd. Aber wir verabschieden uns von der liebgewonnenen Sprachlegende mit leiser Wehmut.*

Sicher geht der Trend zum Regiolekt. Der ebnet das Relief der Dialekte ein und gleicht sie dem Hochdeutschen an. Doch selbst wenn die letzten authentisch kölschen Wörter verschwunden sein werden, der Singsang wird bleiben, die ganz eigene Sprachmelodie. Und ins gewählteste Rednerdeutsch schleicht sich statt des »ch« ein »sch«. Oder um mit einem Kalauer zu enden: Höheres Wesen mit einem Buchstaben? »Jott«. Sorry. Und dieser »Regiolekt« wird immer noch »Kölsch« heißen und nicht »rheinisches Deutsch« – außer vielleicht in Düsseldorf.

Die fünfte Jahreszeit

Karneval

An der Fastenzeit wird nicht gerüttelt. Sie dauert bis Ostern vierzig Tage und bestimmt damit die Länge der Karnevalssaison, hier »Session« genannt. Die beginnt immer am 11.11., doch fiel der Aschermittwoch beispielweise 2016 auf den 10. Februar, während er 2019 erst auf den 6. März fällt. Immer gleich lang aber dauern die tollen Tage.

Der Zug aller Züge (Rosenmontag)

Gutes Wetter vorausgesetzt, kratzt ihre Zahl an der Anderthalb-Millionen-Marke. Die »Jecken säumen den Zugweg«, sind aber im Idealfall keine Zuschauer, sondern Teil der Inszenierung. Wundern sich flüchtig, wer so alles dabei ist – nicht am Straßenrand, sondern hoch

Rote Funken im Karnevalszug.

zu Wagen und keineswegs immer in seinem oder ihrem Element. Wolfgang Niedecken, die Kölner »Tatort«-Kommissare, Schwimm-Olympiasiegerinnen und Box-Weltmeister etc. Gern zeigen sich die Prominenten oder werden gezeigt, wenn Kölns prominentestes Ereignis stattfindet.

Die Polizei verlautbart, dass der Rosenmontagszug auf dem Weg zu einem »friedlichen Familienfest« sei. An Friedlichkeit war auch seinen Gründervätern gelegen. 1823 formierte sich die erste Kolonne seiner Art, organisiert von einem »Festordnenden Comité« – mit Betonung auf der Ordnung. Schon damals dabei: die »hellige Knäächte und Mägde«. Dieses Tanzcorps hat, wie der Name schon nahe-

Mehr geschleudert als geworfen: Kamelle gleich tütenweise.

legt, einen religiösen Hintergrund. Einen stadtgeschichtlichen hatten die »Roten Funken«, die sich als Parodie der alten Stadtsoldaten

verstanden. Ihre Aufnahme ins Zug-Personal bot sich an, weil schon diese Truppe wie ihre eigene Karikatur gewirkt hatte.

Anfangs stand ein »Held Carneval« im Mittelpunkt, der sich erst noch zum Prinzen entwickeln sollte. Vorgesehen war die Figur übrigens als »König«, aber da hatte sich die preußische Obrigkeit quergestellt. Sie fürchtete die Herabsetzung Ihrer allerhöchsten Majestät. Held Carneval der Pionierjahre war übrigens ein Kölnisch-Wasser-Fabrikant.

Während der folgenden, fast zweihundert Jahre ging der Zug durch Höhen und Tiefen. Manchmal fand er gar nicht statt, wie zuerst 1830 wegen befürchteter Unruhen und zuletzt 1991 wegen des zweiten Golfkriegs. Der islamistische Anschlag auf das französische Satiremagazin *Charlie Hebdo* Anfang 2015 sollte Thema werden – aber das Festkomitee kassierte den ursprünglichen Entwurf. Dann tauchte doch ein Motivwagen im Zug auf, der das Thema auf weniger drastische Weise abhandelte – eine typisch kölsche Lösung.

Die Schull- und Veedelszöch am Sonntag und etliche Stadtteilzüge am Dienstag rahmen den Rosenmontagszug, ohne seine herausragende Stellung zu gefährden. Die Statistik verzeichnet immer imposantere Daten, was die Länge, Akteure, Wagenzahl und »Wurfmaterial« angeht.

Im Großen und Ganzen wird die Tradition hochgehalten. Nur wegen der Länge des Trecks musste der traditionelle Beginn um eine Stunde vorverlegt werden, statt um 11:11 Uhr beginnt er jetzt um 10:11 Uhr. Sonst wäre die Dunkelheit über die letzten Gruppen hereingebrochen, und ein Geisterist der Rosenmontagszug schließlich nicht.

Schön, dass die Leute am Zugweg immer noch »Kamelle« rufen. Obwohl das beinah ein Anachronismus ist. Nur noch wenige Bonbons gehen auf sie nieder, um die ganz edlen Produkte gibt es schon mal eine kleine Balgerei.

Ajuja – und los geht's (»et Trömmelsche«)

Die Zeit danach wirkt zurück: Gut katholisch muss der freudlosen Fastenzeit ein Quantum Ausgelassenheit vorausgehen. »Tolle Tage« waren schon im Mittelalter Usus, schwarz auf weiß erscheint der »Fastavent« erstmals im Kölner »Eidbuch« des Jahres 1341. Der Rat verbietet, die Narretei auch noch mit städtischen Mitteln zu alimentieren.

Es muss schon damals hoch hergegangen sein. Und die aktuelle Klage der Kulturkritik, dass Karneval nur als Vorwand für hemmungslose Besäufnisse dient, hat eine lange Tradition. Besonderen Anstoß nahm die Obrigkeit, wenn die Narren als Nonnen und Mönche vermummt über die Stränge schlugen.

An Weiberfastnacht (»Wieverfastelovend«) wird der Pfropfen gezogen. An diesem Donnerstag vor Aschermittwoch beginnt um 11:11 Uhr der Straßenkarneval. Das ist – Achtung Jahreszeit – oft Kneipenkarneval mit dicken Menschentrauben vor den besonders einschlägigen Altstadt-Etablissements. Und wie so manche Tradition ist auch diese viel jünger als gedacht. Mehr noch: Wahrscheinlich hat sie nicht einmal kölsche Wurzeln. Weiberfastnacht entstand 1824 im heutigen Bonn-Beuel. Dort hatten die Wäscherinnen sie aus der Taufe gehoben und so gegen das karnevalistische Männerregiment Front gemacht.

Selbst das besonders beliebte Schlipsabschneiden bürgerte sich zunächst rheinaufwärts ein. Hauptopfer waren die Bonner Beamten, die es aus allen Gegenden der Republik in die Bundeshauptstadt verschlagen hatte. Es braucht keine psychoanalytische Akrobatik, um den Scherenschnitt als Kastrationsersatz zu verstehen.

Karneval, organisiert

Die bestimmende Größe seit der Neugründung 1823 ist das Festkomitee (damals »Festordnende Gesellschaft«). Es sieht sich als »Gesamtinteressenvertretung« der Kölner Karnevalsvereine und darum versteht sich, dass dieses Komitee die Zügel fest in der Hand halten muss. Immerhin: In letzter Zeit gibt es erkennbar Lockerungsübungen, ein Vizepräsident ist sogar Bestatter. Auch so ein Kölner Spruch: »Spaß muss sein, sonst ging' man nicht zur Beerdigung.«

Wichtig sind die Gesellschaften, vulgo Karnevalsvereine. Da stehen die Funken voran, ihnen gehört der Ehrentitel »Traditionscorps«. Bei so viel Überlieferung darf eigentlich wenig verloren gehen. Aber ausgerechnet eine der Kernfragen bleibt ohne Antwort: Warum die Funken denn nun Funken heißen, hat noch kein Karnevalshistoriker herausfinden können.

Besonders weit zurück reicht die Tradition bei den »Roten Funken«, nämlich bis zum Gründungsjahr 1823. 1870 spalteten sich die »Blauen Funken« ab, immer noch Tradition genug. Weiterhin stehen die »Ehrengarde der Stadt Köln 1902« und die »Prinzengarde« sozusagen für die Urtradition. »Garde« heißen sie wegen ihres Ehrenamts im Rosenmontagszug, die »Ehrengarde« eskortiert Bauern und Jungfrau, die »Prinzengarde« von 1906 die Spitze des Dreigestirns.

Anno 1968 verlieh das Festkomitee – wer sonst – den Titel Traditionskorps der Garde

Blaskapelle der Prinzengarde.

»Altstädter Köln 1922«. Und die jungen Hüpfer unter den Traditionalisten sind die »Nippeser Bürgerwehr von 1903«, die »Bürgergarde ›blau-gold‹« (gegründet 1904), die »K. G. Treuer Husar Blau-Gelb« (von 1905) und das »Reiter-Korps ›Jan von Werth‹« (gegründet 1925). Sie dürfen sich erst seit 2001 zum erlauchten Kreis zählen.

Die Korps tragen Uniformen und keine Kostüme, mit Ausnahme des Reiterkorps »Jan von Werth«. Dessen Mitglieder werfen sich in eine barocke Montur aus der Zeit ihres Namensgebers, die Alexandre Dumas' Roman *Die drei Musketiere* und dessen viele Verfilmungen populär machte. Im Übrigen gibt es nicht nur Funken, sondern (seit 1932) auch »Kölsche Funkentöter«. So nennt sich die Karnevalsgesellschaft der Feuerwehr.

Die Gesellschaften, ob altehrwürdig oder nicht, fächern sich in diverse Untergliederungen. Und wenn schon Militärisches anklingt, darf es auch Dienstgrade geben. Wem die Präsidenten- oder gar Prinzenwürde verwehrt bleibt, hat doch an einem Offizierstitel seine Freude. Schmuckstück bei den öffentlichen Auftritten sind die Garden mit ihrem Tanzpaar, allen voran das Tanzmariechen. Kaum jemand erinnert sich noch, dass die Mariechen-Rolle lange von Männern gespielt wurde.

Junggardist im Kölner Karneval.

Über allem schwebt das Dreigestirn – Prinz, Bauer und Jungfrau, auch wenn es von Session zu Session wechselt. Während die (stets männliche) Jungfrau die Stadt Köln verkörpert und auch der Prinz eine klar umrissene Figur ist, gibt es beim Bauern immer wieder mal Irritationen. Zwar hatte das alte Köln fünf Bauernbänke, die auch fest im Stadtgefüge verankert waren. Doch dass der »kölsche Boor« für die Stadt steht, erklärt sich aus einem weit verbreiteten Verfassungsschema, das die Stände im Heiligen Römischen Reich bildlich darstellt. Sie treten dort in »Vierheiten« (Quaternionen) auf und seltsamerweise vertritt Köln neben Regensburg, Konstanz und Salzburg (also ebenfalls Städten) den Bauernstand.

Der Nubbel

Der Nubbel ist eine Strohpuppe, seine menschenähnlich-männliche Gestalt wird durch die Kleidung verdeutlicht. Meist seit Weiberfastnacht (also dem Donnerstag) hängt er/sie über den Eingängen von Kneipen und Gaststätten, stets in Erwartung des traurigen Endes. Karnevalsdienstag, Schlag 24 Uhr, wird der Nubbel zu Grabe getragen und schließlich verbrannt.

Das geschieht in Anlehnung an die kirchliche Begräbnisfeier, allerdings ohne deren getragene Stimmung. Unter lautem Wehklagen der Fasteleer-Gemeinde sprengt der »Priester« jede Menge Weihwasser aus, mit der Klobürste, versteht sich. Dabei kann auch die Stimmung stark schwanken. Denn häufig wird nicht nur tränenreich Abschied genommen, sondern werden dem Nubbel auch wüste Beschimpfungen nachgerufen.

Wie gesagt, der Nubbel geht als Mann. Genauso gut könnte er ein Vierbeiner sein, jedenfalls dient er als Sündenbock. Deshalb hat sein Name keine weitere Bedeutung, er ist ein Jedermann und Irgendeiner. Stellvertretend büßt er für alle Sünder, die es während der tollen Tage zu toll getrieben haben. Und er büßt nicht zu knapp, eben mit dem Feuertod.

Allerdings zeigt sich an dieser Schwelle zum Aschermittwoch sehr schnell, wie brauchtum-affin die Versammlung ist. Doch wenn sie wirklich begabt sind, die Priester und Trauerredner, und wenn sie wirklich mitgeht, die Trauergemeinde, dann ist die Inszenierung großes Theater.

Kehraus oder letzte Fragen

Im Karneval hat das Bützchen (»Bützje«) Hochkonjunktur. Der »Kuss mit *geschlossenem* Mund« – deshalb Küsschen – ist jetzt die zwischenmenschliche Geste schlechthin. Nur gehört die Verkleinerungsform beachtet. Vorsichtshalber weist der Deutsche Anwaltsverein darauf hin, dass die korrekte Ausübung des Diminutivs keine sexuelle Nötigung ist.

Jeder weiß: »Einmal Prinz zu sein« geht ins Geld. Und nicht zuletzt ist der Karneval ein »Wirtschaftsfaktor«. Zwar sinkt die Produktivitätskurve während der tollen Tage und danach steigt der Krankenstand deutlich an. Aber es wird eben auch Geld verdient. So manche Kneipe macht von Weiberfastnacht bis Veilchendienstag ein Drittel ihres Jahresumsatzes.

175 Jahre Kölner Karneval, Briefmarke von 1997.

Allerdings: Ganz genau beziffern lassen sich alle Effekte, die positiven wie die negativen, nicht. Schon die unterschiedliche Länge der Sessionen verhindert eine hieb- und stichfeste Bilanzierung. Immerhin ein Indiz sind die rund 5 Millionen Euro Gewerbesteuern, die dank des Karnevals zusätzlich in den Stadtsäckel fließen. Auch deshalb vermuten die beauftragten Consultingfirmen stark, dass unterm Strich die Habenseite überwiegt.

Doch wie auch immer: »Am Aschermittwoch ist alles vorbei.« Aber so viel Melancholie muss gar nicht sein, denn schon im gleichen Jahr gibt es wieder einen 11. im 11. Und schon am Karnevalsdienstag wird das Motto für die kommende Session verkündet. Nach dem Karneval ist vor dem Karneval.

Kölsch

Eine Bier-Karriere

Inzwischen ist es fast Mode: Kleine Biere kursieren als »Geheimtipp« und werden »unter Kennern« heftig empfohlen. Eine konkrete »Verortung«, womöglich mit dem Zusatz »Hausbrauerei«, schadet selbstverständlich nicht. Auch Kölsch setzt(e) auf den Heimatbezug, als sozusagen vertrauensbildende Maßnahme.

Hausgemacht – der Blick zurück

Köln und Kölsch, dieser Zusammenhang ist nicht ganz so selbstverständlich, wie es den Anschein hat. Wenigstens, wenn es ums Bier und nicht um den Dialekt geht.

Lange galt Köln als Weinstadt, im 15. Jahrhundert sogar als »Weinhaus der Hanse«. Bierbrauen gehörte zur Hausarbeit wie das Kochen und Backen, vielleicht hallt das im Etikett »Hausbrauerei« noch nach.

Doch um 1200 zeichnet sich der Wandel ab: Brauen wird zum Gewerbe. Die Quellen dieser frühen Zeit erwähnen zwei Brauerinnen, möglicherweise ein Zeichen des Übergangs von der Hausarbeit zur Hausbrauerei.

Immer wieder erscheinen Angehörige der Zunft in den stadtgeschichtlichen Zeugnissen. Im Machtkampf mit der Stadt setzt der Kölner Erzbischof 1259 auf die Handwerker und ernennt auch zwei Angehörige der Brauer-Zunft zu Hochgerichtsschöffen. Die Gaffel der Brauer siegelt den berühmten Verbundbrief (siehe S. 70) von 1396 mit. Nun sind Gaffeln politische Organisationen, die nicht mit den Zünften deckungsgleich sind. Die zünftigen Brauer bilden den Kern, aber Mitglieder der Gaffel sind auch die, »die zu denen gehören«.

Zu Gaffel und Zunft kommt als Drittes der religiöse »Überbau«, die St.-Peter-von-Mailand-Bruderschaft. 1396 gilt als ihr Gründungsjahr, tatsächlich ist sie wohl älter. Ihr Petrus (nicht der Apostel, sondern ein 1253 ermordeter Inquisitor und Dominikanermönch) ist noch heute Schutzpatron der Kölsch-Brauer.

1417 verzeichnen die Ratsprotokolle eine interessante Zahl aus ebenso interessantem Anlass: Die 1373 begüterten Kölner Bürger werden zu einer Sondersteuer herangezogen, unter ihnen sind immerhin 42 Brauer. Die Einmalzahlung wird mit den Kosten begründet, die für die Schleifung der Deutzer Befestigungen angefallen sind.

Pedro Berruguete, »Petrus von Mailand als Schutzpatron der Brauer« (1493).

Örtliche Chroniken berichten vom (späteren) Kaiser Maximilian, der sich am 23. Juni 1505 vor einem Regenguss ins Zunfthaus der Brauer auf der Schildergasse geflüchtet habe. Welches Bier ihm kredenzt wurde, und wie tief er dort ins Glas schaute, ist nicht seriös überliefert. Immerhin galt das bayerische Reinheitsgebot von 1516 auch in Köln, nachdem der Rat schon einige Jahrzehnte vorher ein solches erlassen hatte.

Apropos Reinheit: Lange Zeit diente auch in Köln der so genannte Grut als die bevorzugte Bierwürze. Grut war eine oft verwegene Mischung aller möglichen Kräuter, im nordwestdeutschen Raum kam jedoch stets der heikle Gagel hinzu: Dieser Strauch aus der Weiden-Verwandtschaft stand im Ruf, für einen besonders kräftigen Rausch zu sorgen.

Noch 1438 setzten nur vier Brauer Hopfen zu, Grutbier brauten hingegen weitere 21. Großer Beliebtheit erfreute sich lange das Keutebier mit seinem hohen Anteil an Weizen neben der Gerste. Wenn an Brotgetreide Mangel herrschte, konnte der Rat verbieten, beim Bierbrauen Weizen zu verwenden. Um 1470 setzte sich in Köln – spät, aber doch – der Hopfen endgültig als Bierwürze durch. Dank seiner Bitterstoffe machte er das Getränk länger haltbar. Vielleicht hat auch eine gewisse Rolle gespielt, dass dem Hopfen eine beruhigende Wirkung zugeschrieben wurde, während der Grut die Trinker angeblich rebellisch machte.

Erst im 16. Jahrhundert wurde mehr Bier als Wein getrunken. Ausnahme: 1435 waren laut Koehlhoff'scher Chronik »alle Land des Bieres voll«. Damals hatte der Maifrost die Weinlagen am Rhein übel heimgesucht und das Getränk unmäßig verteuert. Insgesamt sprach für die alkoholischen Getränke, dass sie weniger Keime enthielten, Keime, die sich im oft verunreinigten Wasser zuhauf tummelten.

Kölsch – ein Bier der Moderne?

Über viele Jahrhunderte hinweg galt und gilt bis heute: In Köln gebrautes Bier ist obergärig. Will sagen, dass sich das Gärmittel Hefe auf der Oberfläche absetzt, während es bei den untergärigen Biersorten auf den Boden des Kessels sinkt.

Lange bot sich die obergärige Brauart in wärmeren Regionen auch deshalb an, weil der Gärprozess schon bei Zimmertemperatur (15–20° Celsius) abläuft, während das untergärige Bier bei deutlich niedrigeren Temperaturen hergestellt werden muss (4–9° Celsius). Als im 19. Jahrhundert die Dampfkessel und Kühlaggregate ihren Siegeszug antraten, schien das obergärige Bier auch in Köln vom untergärigen Pils und Export verdrängt zu werden. Doch das obergärige Bier konnte sich behaupten.

Ein Verdrängungswettbewerb anderer Art traf beide Brauarten. Neue Technologien ermöglichten einen höheren Ausstoß, erforderten aber auch ein höheres Kapital. Folge: Die Bierherstellung konzentrierte sich auf wenige oder doch zumindest auf weniger Brauereien.

Wann sich der Begriff »Kölsch« einbürgerte und damit dem Getränk die heimatliche Note gab, liegt ein wenig im Dunkeln. Jedenfalls im Vergleich zur untergärigen Brauart ist der Name jung. Und er war ursprünglich eine Marketingidee: 1918 warb die Sünner-Brauerei mit der Wendung »echt Kölsch«. Aus kulturgeschichtlicher Perspektive gehört Kölsch also zur Klassischen Moderne.

Nach dem Zweiten Weltkrieg stieg die Zahl der Kölsch-Produzenten von gerade mal zwei wieder auf 24 an. Manches Unternehmen außerhalb Kölns versuchte am Erfolg dieses Bieres teilzuhaben, indem es ebenfalls Kölsch braute. Für Klarheit musste die Rechtsprechung sorgen. 1980 verfügte das Kölner Oberlandesgericht, dass sich Kölsch nur nennen darf, was im Weichbild der Domstadt gebraut wird.

Mit dem Segen des Bundeskartellamts folgte acht Jahre später die »Kölsch-Konvention« des Kölner Brauereiverbands. Auch die Europäische Union trug dazu bei, das landsmannschaftliche Bierprofil zu schärfen. Am 25. November 1997 nahm sie Kölsch unter die geschützten regionalen Spezialitäten auf.

Kölns Kölsch-Brauer geben sich zuversichtlich, dass auch angesichts eines immer freieren freien Markts der Heimatfaktor weiterhin den Ausschlag geben wird. Gefahr droht eher von geänderten Trinkgewohnheiten: Der Rückgang des Bierkonsums im Allgemeinen trifft auch das Kölsch, wenngleich nicht so stark wie andere Marktsegmente.

Nun geht gerade beim Bier der Trend zu immer lokaleren Spezialitäten. Auch in Köln gibt es erfolgreiche Kölschmarken, die kaum über ein Brauhaus hinaus vertrieben werden. Vorläufig jüngster Spross der Kölsch-Familie ist ein Bier, das den Namen »Böll« trägt. Damit ist allerdings nicht der einzige Kölner Literatur-Nobelpreisträger gemeint, sondern ein naher Verwandter und ruhmreicher Südstadt-Kneipenwirt.

Die Kölsch-Konvention empfiehlt u. a., Kölsch nur in der berühmten »Stange« zu servieren. Dieses hochrunde Ur-Glas fasst nur 0,2 Liter. Für die geringe Menge gibt es einen guten Grund: Kölsch verliert relativ schnell seine Frische, sollte also zügig getrunken werden.

Darüber freut sich der Wirt, einerseits. Andererseits muss er wegen der kleinen Glä-

Denkmalgeschützt: Sünner-Brauerei (1890) in Köln-Kalk.

ser mit einem höheren Personalbedarf kalkulieren. Einmal mehr führten die wirtschaftlichen Zwänge zur Innovation, hier zum Gast als Selbstzapfer. Einige Brauhäuser stellen größeren Gesellschaften ein Zehn-Liter-Fässchen an den Tisch.

Die Brauhäuser und das Brauhaus

Eins wirbt sogar mit dem Slogan »Mehr Köln geht nicht«. Längst gibt es einen »Brauhaus-Wanderweg«; nicht nur ein Veranstalter bietet inzwischen eine »Brauhaus-Wanderung« an, einer sogar eine »Klassische Brauhauswanderung«. Für einen, der den Erkundungsauftrag ernst nimmt, ist es tatsächlich eine Wanderung, will heißen alles andere als ein Spaziergang.

Keine Frage, das Kölner Brauhaus ist ein Markenzeichen einheimischer Gastlichkeit, um nicht zu sagen eine Institution. Natürlich gibt es auch Zeitgenossen, die verächtlich von »Touristenschwemmen« sprechen, besonders dann, wenn im Zusammenhang mit dem Brauhaus das Stichwort Altstadt fällt.

Offizielle Raststätte am Kölner Brauhaus-Wanderweg (hier: Früh am Dom).

Nur – muss ein wenig Rücksicht auf die Vielzahl auswärtiger Gäste ein Makel sein? Ohnehin ist der »Halve Hahn« inzwischen so sattsam bekannt, dass sein Erscheinen bei Tisch kaum mehr verblüfft. Und Vegetarier könnten das krosse »Röggelche« (Roggenbrötchen) mit »Kies« (Käse, genauer altem Gouda) so-

DER KÖLNER BRAUHAUS WANDERWEG

ANNO 1904
BRAUHAUS FRÜH AM DOM
HISTORISCHES BRAUHAUS
CÖLNER HOFBRÄU PETER JOSEF FRÜH

Das 1904 gegründete Brauhaus erhielt seinen Namen auf Grund der historischen Begebenheit, dass Herzog Jan I. von Brabant an gleicher Adresse seine Hofhaltung unterhielt. Das Relief im Türkopfstein zeigt den heiligen Petrus von Mailand, Schutzpatron der Kölner Brauer.

AUF DEN SPUREN KÖLSCHER BRAUTRADITION
KÖLNER BRAUEREI-VERBAND E.V.

Thekenschaaf im
»Haus Töller«.

gar als Flaggschiff einer spezifisch kölnischen Spielart der fleischlosen Ernährung präsentieren.

Die berühmte Replik des Köbes, der den Diensteifer übertreibt und bei der Bestellung von einem Glas Wasser seinerseits nach Seife und Handtuch fragt, wird auch seltener gehört. Allerdings stößt selbst das lauteste »Herr Ober« noch oft genug auf seine tauben Ohren. Dabei ist der Köbes, dem der bürgerliche Vorname Jakob zugrunde liegt, nicht zwingend eine derart familiäre Figur, wie die Anrede glauben macht.

Obwohl es vielerorts noch zum Inventar gehört, ist das »Thekenschaaf« weit weniger bekannt. Die Mischung von (vorn offenem) Schrank und Beichtstuhl war früher die Kontrollstation. Sie führt zurück in die Zeit der Hausbrauereien, als im Hinterhaus tatsächlich noch das Bier gebraut wurde. Der Weg dorthin führte direkt von der Straße über einen Flur, wo das Fass stand und der »Zappes« (Zapfer) seines Amtes waltete. Vom Flur ging auch der eigentliche Gastraum ab, im Flur wurde die Laufkundschaft bedient. Der Flur war demnach auch selbst Schankstube, und nur hier konnte das Kommen und Gehen, Zapfen, Trinken und Zahlen wirklich überwacht werden. Hier musste das Thekenschaaf stehen, an dem keiner ungesehen vorbeikam. In diesem Kontor saß leicht erhöht meist die Chefin und hatte ein scharfes Auge auf den Betrieb.

Heute ist das Thekenschaaf nur noch eine Verbeugung vor der Tradition. Auch sonst gilt das Motto nostalgisch-rustikal: Authentizität ist eine Frage der Innenarchitektur. Gerne findet sich das Brauhaus in historischen Häusern, auch wenn diese keinen Bezug zur Bierherstellung haben. Zwar gehören »blank gescheuerte Holztische« zu den unveränderlichen Kennzeichen, aber dort kann durchaus schon mal »live cooking« stattfinden.

Und natürlich werden etliche Brauhäuser von einer der bekannten Brauereien beliefert. Sie haben sich demnach aus dem örtlichen Zusammenhang einer »Haus«brauerei gelöst. Brauhäuser haben auch immer eine Theke, wo ein stiller Zecher sein Kölsch trinken kann, aber ihr Sinn liegt im Gruppentreff. Das kann ohne Weiteres auch ein einheimisches »Schmölzchen« sein. Immer aber ist das Brauhaus die Probe aufs Exempel der oft gerühmten Kölner Gastlich- und Geselligkeit.

Nie ohne seinen Strom

Köln am Rhein

Selten fehlt der Zusatz »am Rhein«, wenn von Köln die Rede ist. Dieses »am Rhein« ist eher Bestandteil des Namens als genauere Ortsbestimmung. Wenn das »am Rhein« der Geburtsstadt gilt, liegt das Bild vom Strom als Amme des Gemeinwesens nahe. Aber bei aller Liebe: Die Stadt sah ihn eher als Zubringer, und der Wasserlauf verhielt sich nicht immer fürsorglich. Des Widerspenstigen Zähmung bleibt bis heute eine Herausforderung.

»Der eiserne Rhein« als Königsweg: Für den Güterverkehr sollten Köln und Antwerpen direkt verbunden werden. Die griffige Formulierung geistert seit 1833 durch die Literatur. Ihr Erfinder war der preußische Wirtschaftliberale Ludolf von Camphausen (1803–1890). Muss gesagt werden, dass der Mann ein (zugezogener) Kölner war?

Frans Hogenberg und Georg Braun, Colonia Agrippina (1572).

35

Der Rhein drängt sich als Sinnbild auf, wenn es um Transport geht. Eben weil er auch in Wirklichkeit eine »europäische Verkehrsachse« ist, vorwiegend für die Verkehrsgüter. Das ist er seit eh und je, ganz sicher seit der Römerzeit. Es war eine freudige, aber doch kölntypische Überraschung, als Archäologen eine Holzverschalung des antiken Stadtmauerfundaments freilegten. Die Tannen dafür kamen aus dem Schwarzwald, und sie kamen ganz sicher nicht auf dem Landweg.

Strom und Stadtbild

Nun profitiert die Stadt nicht nur wirtschaftlich vom Wasserlauf. »Köln am Rhein« – das ist wie Vor- und Familienname. Keine andere Anlieger-Kommune hat eine derart enge Beziehung zum Strom. Selbst Mainz nicht, obwohl dessen Rheinzugehörigkeit ja auch von diversen Karnevalsliedern beglaubigt wird. Und weil »Rheinland« ein so unbestimmtes Gebilde ist, das je nach Betrachter andere Umrisse hat, hilft es, sich an ein Zentrum zu halten. Deshalb ist Köln der berufene Rheinland-Stellvertreter.

Wie großzügig nun immer die Rheinland-Grenzen gezogen werden, der Strom reicht vorn und hinten über sie hinaus. Strom heißt ein Fluss, der ins Meer mündet. Der Nordsee verdankt Köln einen Hauch von Küstenstadt. Jedenfalls wurde sie als solche aquarelliert. Und das von keinem Geringeren als William Turner, dem meeraffinen Briten.

Ansichtssache

Die Wasserstraße mit dem fließenden Verkehr ist nur ein Teil des Rheinbilds. Soweit es Köln angeht, lässt der Strom auch innehalten. Vom Strom her zeigt die Stadt ihre Schau-, um nicht zu sagen ihre Schokoladenseite.

Schon ein flüchtiger Blick auf den Stadtplan macht deutlich: Der historische Kern dehnt sich von Norden nach Süden sehr viel weiter aus als von Osten nach Westen, also landeinwärts. Das Rheinpanorama prägt die Vorstellung von Köln, und es hat kaum jemand kaltgelassen. Der Aufklärer Georg Forster gehörte zu den Köln-Verächtern, aber für die Rheinansicht hat er sich begeistert: »Unter allem Städten am Rhein liegt keine so üppig hingegossen, so mit unzähligen Türmen prangend da.«

Schon die Kölner Malerei des Mittelalters wusste die inszenatorischen Fähigkeiten des Rheins zu schätzen. Ein besonders dankbares Motiv ist das Martyrium der hl. Ursula und ihrer elf bis elftausend Jungfrauen. Der Meister der Kleinen Passion nutzte es um 1420, um das legendäre Geschehen in eine Stadtansicht einzubinden, deren dichte Abfolge von Kirchen auf das Himmlische Jerusalem verweist.

Und während im rechten Bildbereich des extremen Querformats die heidnischen Hunnen schon das Gefolge Ursulas niedermetzeln, holen auf der anderen Seite zwei Fischer ihr

»Deus Rheni« (Rheingott) auf der Leiste des Mercator-Plans von 1571.

DEVS RHENI

Netz ein, wie überhaupt der Rhein von paarweise auftreten-
den Fischen bevölkert ist.

Fast überflüssig zu erwähnen, dass auch die berühmteste
Kölner Stadtansicht den Rhein als Vordergrund wählt. Anton
Woensams Holzschnitt (1531) bezieht sogar das Deutzer Ufer
mit ein. Auf seinem Rhein fehlen die Fischer, dafür säumen
viele Schiffe das Ufer, ihre Masten bilden ein ganzes Galerie-
wäldchen. Und wie beim Meister der Kleinen Passion fehlen
auch bei Woensam die Schiffsmühlen nicht. Sie mahlten langsam, versorgten aber viele Kölner Bäcker mit Mehl.

Außerdem wirft der Strom das Stadtbild zurück. Heinrich
Heine sah es sogar so, dass der Fluss die Stadt verdopple:
»Im Rhein, im schönen Strome, da spiegelt sich in den Welln,
mit seinem großen Dome, das große, heilige Köln.« Und mögen auch die »Welln« das Spiegelbild stark verzerren, die Licht-

38

effekte vom Wasser her kommen dem Panorama entschieden zugute.

Kölner Brücken

Wenn vom Rhein die Rede ist, dann meist von seiner Bestimmung als verbindendem Element. Aber der Rhein eben trennt auch, und das nicht zu knapp. Zufall oder magische Zahl: Im Stadtgebiet führen heute sieben Brücken über den Strom. Die nördlichste, nach mancher Zählung die achte, hat zwar einen Kölner Brückenkopf, geht aber nach Leverkusen und heißt deshalb oft nach der rechtsrheinischen Kommune. Sie macht aktuell am deutlichsten, dass die Kölner Brü-

Anton Woensam, Stadtansicht Köln (1531), Ausschnitt Zentrum.

cken auch Leidenswege sind oder es in naher Zukunft sein werden.

Zur Römerzeit war der Strom an seinem Unterlauf sogar der Limes, also Grenze. Dennoch ist die erste Kölner Brücke eine der Römer. Sie entstand um 310, also recht spät, und mündete auf der anderen Seite ins Kastell Deutz; wie der Überweg selbst war es eine Gründung Kaiser Konstantins. Das rechtsrheinische Bollwerk sollte den immer renitenteren Germanenvölkern die Stirn bieten.

Brücken instand zu halten, ist auch heute eine anspruchs-volle Aufgabe. Die Römerbrücke verfiel mit der Zeit. Um 960 verschwanden ihre letzten steinernen Pfeiler, nachdem sie nur noch die Schifffahrt behindert hatten. Natürlich gab es Fähren, später auch die »fliegenden Brücken«, so genannte Gierponte. 1647 wurde die »Deutzer Fahr« eingerichtet. Spä-ter querten auch Schiffsbrücken den Fluss.

Dombrücke (Mausefalle) als Vorgängerin der Hohenzollernbrücke.

Sie sind ebenso Geschichte wie die Dom-brücke, der erste Kölner Rheinüberweg nach unbegreiflich langer Zeit. 1859 wurde er für den

Verkehr freigegeben und war doch die früheste Großbrücke über den Strom und die dritte reichsweit. Die damaligen technischen und konstruktiven Möglichkeiten ließen nur ein kastenförmiges, fast blickdichtes Gebilde zu, dem der Volksmund den Neckzettel »Mausefalle« anhängte. Dafür besaß die Dombrücke aufwendige Portalbauten, feinste Neogotik am Fuß des Doms, der damals seiner Vollendung entgegenging.

Die Hohenzollernbrücke

Ziemlich bald zeichnete sich ab, dass die Dombrücke dem rasant gewachsenen Eisenbahnverkehr nicht mehr genügte. 1894 war der neue Hauptbahnhof eingeweiht worden, 1911 folgte die Hohenzollernbrücke. Auch konstruktiv ging sie neue Wege, inzwischen war die Bogenbrücke das Maß aller Tragwerkdinge.

Aber immer noch musste die »nüchterne« Konstruktion durch Bauten aufgewertet werden. Und da ging es einen Schritt zurück. Jetzt hieß die Stilvorgabe Romanik (obwohl die neue Brücke nicht anders als die alte geradewegs auf den gotischen Dom zuführte). So verkörperten die beiden bombastischen Turmportale, jedes 39 Meter hoch, auch Herrschaftsarchitektur: Die Neoromanik stand im neuen Kaiserreich für den Glanz des alten Imperiums, an dessen Größe die Hohenzollern anknüpfen wollten.

Die ganzen Aufbauten fielen nach dem Zweiten Weltkrieg weg, es blieben die drei Bögen aus Eisenfachwerk. Zu Recht aber heißt die Brücke noch nach den Hohenzollern: Beiderseits des Rheins empfangen oder verabschieden je zwei Herrscher die Reisenden, standesgemäß hoch zu Ross. Rechtsrheinisch sind das König Friedrich Wilhelm IV. und der (spätere) Kaiser Wilhelm I., sie schmückten schon die alte Dombrücke. Auf der linken Rheinseite paradieren die Reiterdenkmäler von Kaiser Friedrich III. und Wilhelm II.

Seit einigen Jahren hat die Hohenzollernbrücke ein neues Schmuckstück-Ensemble: Das Gitter zu den Fußgängerstegen ist voll blitzender Liebesschlösser. Der Brauch ist importiert, doch inzwischen ein fester Bestandteil der Kölner Folklore.

41

Heute stehen sie alle unter Denkmalschutz, auch wenn sie keine Jahrhunderte auf den Bögen oder Zugseilen haben. Wirklich alt sind die Kölner Brücken höchstens nach dem Kriterium der Hinfälligkeit ...

Die 1908 eingeweihte Südbrücke ist die älteste des Ensembles und bis heute dem Güterbahnverkehr vorbehalten. Ursprünglich hatte auch sie ein imposantes Entree, das an Ritterburgen erinnerte. Davon blieben immerhin die Turmstümpfe erhalten. Wie aufwendig hier gebaut wurde, lässt der gemauerte Bogen über der Rheinuferstraße ahnen. Sein roter Sandstein aus der Pfalz ist schon an sich eine Pracht.

Hohenzollernbrücke, Kaiser Wilhelm I. als Reiterstatue (Deutzer Seite).

Mit der Deutzer Brücke (1915 eingeweiht) beginnt in Köln das Zeitalter der Hängebrücken, die erste Mülheimer Brücke war bei ihrer Inbetriebnahme 1919 sogar die größte dieses Typs auf dem Kontinent. Und die Rodenkirchener Brücke war ein Vorreiter: 1941 querte sie als erster Autobahnüberweg den Rhein.

Nach dem Zweiten Weltkrieg wurden die Brücken dem erhöhten Verkehrsaufkommen angepasst. Ein wirklicher Neubau ist die Mülheimer. Ihre Einweihung 1951 erlebte Konrad Adenauer als Bundeskanzler mit, nachdem er schon beim Bau ihrer Vorgängerin (1927 vollendet) als Kölner Oberbürgermeister die entscheidende Rolle gespielt hatte.

42

Neu war ebenfalls die Deutzer Brücke erstanden, und das schon 1947/48. In ihrem Fall erhielt ein anderer Bautyp den Vorzug. Als Vollwandbalkenbrücke kam sie ohne Pylone und Hängeseile aus, die den Blick auf Dom und Rheinpanorama gestört hätten. Auch für die Zoobrücke – sie konnte 1966 (endlich) eingeweiht werden – bot sich dieser Bautyp an, und auch hier gab die freie Sicht auf Kölns Schokoladenseite den Ausschlag.

Zu einem Generationenwechsel kam es mit den Schrägseilbrücken. Sie gleichen äußerlich den Hängebrücken, beruhen aber auf einem anderen Konstruktionsprinzip. Den Anfang machte hier die Severinsbrücke (1956–1959) mit ihrem einzigen, 77 Meter hohen Pylon. Es folgte die Leverkusener Autobahnbrücke (vollendet 1965) mit zwei Masten inmitten der sechs Fahrspuren.

Sie steht heute im Fokus der Brückenbauer. Alle Hoffnungen, dass es bei ihr mit einer kräftigen Nachrüstung getan sein könnte, haben sich zerstreut. Ein völliger Neubau ist unausweichlich. Eine Generalsanierung brauchen Mülheimer und Zoobrücke, auch die Severinsbrücke muss dringend überarbeitet werden. Das alles wird gut ein Jahrzehnt und unabsehbar viele Staus dauern, so *Rodenkirchener Brücke.*

jedenfalls schätzen die Optimisten. Da fällt es nicht leicht, die Schönheit und Eleganz des Ensembles zu würdigen, die ihm die amtliche Denkmalpflege zugesprochen hat.

Zukunftsmusik: »Stadtraum Rhein«

Weitgehend steht der »Masterplan Köln« noch auf dem Papier. Doch er bleibt Ansporn, sich dem Stadtbild energischer anzunehmen. Der Rhein trägt hier den stolzen Titel »Entree, Mitte und urbane Bühne«. Aus der tragenden Rolle folgt die Empfehlung, die Rheinuferstraße noch weiter, nämlich bis zum Rheinauhafen hin unter die Erde zu verlegen. Der Masterplan knüpft damit an den vielleicht größten Gewinn fürs Kölner Stadtbild an. Auf Höhe der Altstadt liegt Köln tatsächlich am Rhein und nicht an der Rheinuferstraße.

Doch die Planer gaben sich nicht mit dem linken Ufer, also dem Umfeld der sattsam gerühmten Stadtansicht zufrieden. Ihr »Stadtraum Rhein« bezieht auch die andere Seite mit ein. Für diesen Stadtraum sehen sie einen qualitativen Sprung vor, einen von programmatischem Charakter: Im Norden und Süden führt ausgangs der Ringe je eine Brücke in den Rheinpark und den Bereich des Deutzer Hafens. Die beiden Überwege sollen – großes Ausrufezeichen – allein Fußgängern und Fahrradfahrern vorbehalten sein.

Am rechten Ufer öffnet sich gleich der Rheinpark, also ein Pfund, mit dem die Stadt schon heute wuchern kann. Er ist laut offiziellem Prospekt (Achtung, Köln) »die schönste Gartenanlage Deutschlands«. Auch der Tanzbrunnen mit dem Sternwellenzelt von Frei Otto, das denkmalgeschützte Staatenhaus (1926), ob nun Musical-Spielstätte oder nicht – sie wären Zierden eines neu erschlossenen Rundgangs. Südlich der Hohenzollernbrücke bietet sich der Rheinboulevard als »Ankerfläche« an.

Wenn sich jetzt noch der Deutzer Hafen zum städtebaulichen Pendant des Rheinauhafens von gegenüber mausern würde (ruhig ohne dessen hochpreisige Bauten im Wohnbereich), dann könnte der »Stadtraum Rhein« überzeugend Gestalt gewinnen. Und Köln mit noch mehr Recht behaupten, »am Rhein« zu liegen. Beiderseits des Flusses.

Doch kein Fließ-Band

Die Stromnatur

Auch auf Kölner Stadtgebiet hat der Rhein seine naturnäheren Partien. Er selbst hat sich erholt und zeigt wieder ein erfreuliches Fischarten-Spektrum. Aber sogar im Bereich Natur ist seine Nutzung als Wasserstraße nicht ohne Folgen geblieben. Der Rhein – ein Labor der ökologischen Globalisierung.

Welcome back – der Maifisch kehrt zurück

Die Maifischgasse in Köln-Poll führt auf Rhein zu. Und auf eine Tafel, die wie der Straßenname einen fast vergessenen Flossenträger ehrt. Unverdrossen feiern die Poller ihr »Maigeloog« (Maigelage), früher feierten sie das Fest vor allem seinetwegen. Denn unter dem Horizont des Wonnemonats zogen die Maifische stromauf und versprachen einen ertragreichen Fang.

Doch wer oder was ist der Maifisch? Die Kölner nannten ihn gern Salm, genauer »Löhrgasser Salm«. Das war wie beim halben Hahn eine lokaltypische Grielächerei (siehe S. 13). Die Löhrgasse (heute Agrippastraße) beherbergte einen im Wortsinn handfesten Schlag, der darüber hinaus für seinen Mutterwitz berühmt war. Nur zu den bessergestellten Domstädtern gehörten sie eben nicht. Der Salm oder Lachs war der »Herrenfisch«, ihn aufzutischen lag

Maifisch, in einer Abbildung von 1797.

45

außerhalb ihrer Möglichkeiten. Der Maifisch aber war für die armen Leute erschwinglich, eben für die aus der Löhrgasse. Maifisch gab es reichlich, jedenfalls im Mai.

Dazu passt, dass der Maifisch in die Verwandtschaft der Heringe gehört. Es sieht dem Hering recht ähnlich, wird aber deutlich größer und kann bis zu 3 Kilogramm auf die Waage bringen. So stattlich wächst er im Meer heran, denn wie der Lachs ist der Mai- ist ein Wanderfisch. Im Frühling zieht er dann die großen Flüsse hinauf, um sich dort zu paaren, wo er ein paar Jahre zuvor aus dem Laich geschlüpft war. Sein Hochzeitsspiel lockte nicht nur die Fänger an: Fische sind stumm, sogar sprichwörtlich stumm, aber die hier machten bei dieser Gelegenheit ein gewaltiges Spektakel. In seinem berühmten *Vogel-, Fisch- und Tierbuch* von 1666 zieht der Straßburger Leonhard Baldner einen drastischen Vergleich: »Sie rauschen beisammen, als wäre eine Herd Schwein im Wasser.«

Tempi passati. Sicher wurde dem Maifisch auch zum Verhängnis, dass er sich so leicht erbeuten ließ. Aber dass die Bestände seit 1900 so drastisch abnahmen, lag vor allem an der Verschmutzung des Rheins, lag an seinem Ausbau zum Kanal, der Laichgründe verschwinden ließ. Spätestens seit den 1950er Jahren galt hier der Maifisch als ausgestorben.

Ein Projekt der Europäischen Union hilft dabei, die Art im Rhein wieder heimisch zu machen. Und da gibt es ausgesprochen gute Nachrichten. Immer mehr erwachsene Tiere werden im Strom und seinen Nebenflüssen nachgewiesen. Die nackten Zahlen lesen sich wenig aufregend, aber sie sind gemessen an den Schwierigkeiten solcher Wiederansiedlungen spektakulär. Einstweilen werden noch »Besatzmaßnahmen« durchgeführt, doch inzwischen vermehrt sich der Maifisch auch an seinen angestammten Laichplätzen, also natürlich.

Nur zur Erinnerung: Es gab Zeiten, als der Maifisch auf keiner Kölner Brauhauskarte fehlen durfte, und ein wohlfeiles Gericht war er außerdem. Diese Zeiten werden so schnell nicht wiederkommen. Aber vielleicht können die Poller zu ihrem »Mai-geloog« eines Tages wieder Maifisch aus dem Rhein servieren.

Verdrängte Stromnatur

Wenn es um ihre Stadt geht, neigen Kölner Lokalpatrioten bekanntlich zu Superlativen. Die Literatur kennt einen, der ihnen weniger gefallen dürfte: Köln ist die hochwassergefährdetste Millionenstadt Europas. Hier leben die Anrainer damit, dass der Rhein ist nicht immer nur Segen, sondern manchmal auch Fluch ist.

Ein Fluss, ein Strom hat Eigensinn. Im Flachland kann er ihn ausleben. Am Mittelrhein setzt das Rheinische Schiefergebirge seinem Bewegungsdrang Grenzen. Doch

Auenwald-Reminiszenz: Blick von der Zoobrücke aufs rechte Rheinufer.

nachdem er oberhalb von Köln in die Köln-Bonner, also die Niederrheinische Bucht eingetreten ist, kann, besser konnte er sich aus sich herausgehen. Er bildete Arme und Flutrinnen, alte Karten zeigen ein Geflecht, das die ganze Breite der Aue beansprucht.

Solche Ausführlichkeit führte beim Monheimer Haus Bürgel zur Verlagerung, ohne dass sich das Gebäude selbst nur einen Zentimeter bewegen musste. Früher lag es links-, jetzt liegt es rechtsrheinisch. Auch für den (heutigen) Kölner Stadtteil Weiß erzählt eine Porzer Pfarrchronik, einst habe der Ort am rechten Stromufer gelegen. Derzeit liegt Weiß am linken, allerdings macht der Rhein hier eine besonders eindrucksvolle Schlinge. Sie würde sich, ginge es nach den Naturgesetzen, immer mehr zuziehen, bis die Kraft der Wassers den Durchbruch bewirkt hätte. Dann läge Weiß (wieder?) am anderen Ufer.

Aber der Rhein steckt ja in einer Zwangsjacke, die ihn fast schon zum Kanal macht. Trotzdem, selbst heute macht er sich außerhalb seines Betts bemerkbar, bringt sich – selbst bei weniger spektakulären Wasserständen – in Erinnerung. Dann laufen im Bereich alter Arme schon mal die Keller voll, weil hier das Grundwasser hochdrückt.

Drastisch setzt der Rhein sich bei einem so genannten Jahrhundert-Hochwasser in Szene, einer Katastrophe, die sich 1993/94 und 1995 gleich zwei Mal im Abstand von 13 Monaten ereignete. Nur dürfen die Klagelieder über seine Kanalexistenz, zu denen inzwischen das Stichwort Klimawandel den Generalbass gibt, eines nicht vergessen lassen: Auch früher hat es Hochwasser-Katastrophen gegeben. Auch früher kamen sie meist in den Wintern, häufig in Wintern, die den Rhein zufrieren ließen. Bei einem plötzlichen Temperaturanstieg brach die Eisdecke auf und staute das Wasser. Die Schollen schoben sich ans Ufer und rasierten mit ihren scharfen Kanten die rheinnahen Fachwerkhäuser förmlich weg.

So geschehen im Mühlheim des Jahres 1784. Und nach dem Bericht des Augenzeugen Johann Jacob Thelen blieb an diesem 27. Februar auch Köln selbst nicht verschont: »Die Fluten, die bereits eine ganz außerordentliche Höhe erreicht hatten, stürzten Eis auf Eis auf unsere Stadt mit so reißender Gewalt, als sollte dieser Tag für uns der letzte sein.«

Wenigstens hat sich die Einsicht durchgesetzt, dass immer höhere Dämme und immer mehr Spundwände nicht das Allheilmittel sind. Den Hochwässern sollen ihre Spitzen genommen werden, indem man dem Rhein wieder mehr Auslauf zugesteht. Doch in dicht besiedelten Regionen lässt sich selbst diese beaufsichtigte Rückkehr zur Flussnatur nur schwer verwirklichen. Zwei Frei-, amtlich Retentionsräume liegen ganz oder zum guten Teil auf Kölner Stadtgebiet: im Süden und rechtsrheinisch bei Langel, im Norden und linksrheinisch bei Worringen.

Der Rhein, wieder belebt

Es war ein Kraftakt, aber heute hat der Rhein wieder eine deutlich bessere Wasserqualität. Er mag ein Kanal sein, ein Abwasserkanal ist er nicht (mehr). Er hat sich erstaunlich revitalisiert, die meisten Fischarten sind zurückgekehrt. Einige grüßen sogar als Neubürger. Neuerdings gilt mancher Anglerfluch vier Kleinfischarten, die aus dem Donauraum stammen. Marmor-, Kessler-, Schwarzmaul- und Flussgrundel haben sich am Niederrhein teils explosionsartig vermehrt ...

Einwanderer im Rhein: die Chinesische Wollhandkrabbe.

Ohnehin tummeln sich heute viele Tiere mit Migrationshintergrund im Rhein. Ströme sind eben Wasserstraßen, vom
Schiffsverkehr zwischen den Kontinenten profitieren auch
blinde Passagiere. Zu den weitestgereisten Lebewesen gehört die Chinesische Wollhandkrabbe, auch auf Kölner
Stadtgebiet hat sie sich fest etabliert. Kamber- und Signal-
krebs kommen aus Nordamerika, in ihrem Fall dürften auch
Tiere aus den Zoohandlungen an der Verbreitung mitgewirkt
haben.

An der Oberländer Werft liegt das »Ökologische Rheinla-
bor« der Universität Köln, an den Spülsäumen gleich gegenüber sammeln sich die Schalen so vieler Körbchen-
muscheln, dass ein Spaziergang am Ufer schon
Meeresstrandgefühle aufkommen lässt. Die
asiatische Grobgerippte Körbchenmuschel
(Abb. links) ist heute die häufigste
Muschel im Strom.

Das Worringer Bruch und die Rheinauen

Auch heute erinnert die
Landschaft daran, dass der
Rhein einst andere Wege genom-
men hat. Von Strom aus gesehen liegt das Worringer Bruch
nicht nur gleich nebenan, sondern gibt sich bei höheren
Grundwasserständen auch ohne Weiteres als ehemalige
Rheinschlinge zu erkennen. Der Wasserspiegel hat dann die
Form eines Hufeisens, der Deich verhindert den unmittelba-
ren Kontakt zum Strom. Das Hufeisen verschwindet, wenn
der Rhein einmal sehr heftig über die Ufer tritt. Dann wird der
Deich geöffnet und das Bruch nimmt die Fluten auf.

Von Natur aus beherbergt das Gebiet Baumarten der Aue-
und der Bruchwälder. Daran hält sich neuerdings auch die
Forstwirtschaft, sie hat hier sogar eine Naturwaldzelle eingerichtet. So kommt ihr das hohe Alter der Hybridpappeln
entgegen, von denen immer mehr zusammenbrechen.

50

Insgesamt macht das Bruch einen etwas düsteren Eindruck. Aber im Frühling sorgt das satte Blütengelb der Sumpfdotterblume für wirkliche Glanzlichter. Ein besonderes Highlight ist der Kammmolch. Die höchst bedrohte Art hat hier ihr landesweit größtes Vorkommen, die Tiere überstehen selbst Jahre, in denen ihr Lebensraum ganz trockenfällt.

Stichwort Aue. Zunächst gilt die nüchterne Feststellung: So sicher die Auen großer Flüsse zu den vitalsten und faszinierendsten Lebensräumen überhaupt gehören, ein derart regulierter Strom wie der Rhein geht auch großenteils seiner Aue verlustig; die einschlägigen Flurnamen sind eine historische Reminiszenz. Vor allem die Prallhänge wurden im Stadtgebiet so stark befestigt, dass keine Flussdynamik den verbauten Uferkanten etwas anhaben konnte. Einzig an den Gleithängen ist dem Strom noch ein wenig Auslauf gestattet. So im südlichen Gebiet bei Langel, wo bei länger anhaltendem niedrigem Wasserstand auch der eine oder andere seltene Vogel

Worringer Bruch.

*Einheimische Strom-
talbewohner: Feld-
Mannstreu und Gelbe
Wiesenraute.*

brütet. Sie werden allerdings häufig durch Hun-
de beunruhigt, die hier am Rhein ein generel-
les Problem sind.

Und bevor wir anmerken, dass eben doch
hier und da einige typische Stromtalpflanzen
zu finden sind, Pflanzen, die leider ohnehin die wenigsten noch
kennen, die aber wie die Gelbe Wiesenraute oder der Feld-
Mannstreu ganz stattliche Erscheinungen sind, bevor wir also
»zu speziell« werden, soll doch ein nur bedingt naturnaher
Strand den Schluss machen. Der »Cologne Beach Club« bietet
die namengebende Exotik am Rhein. Und vielleicht lässt sich
ein solches, leicht surreales Strandgefühl dafür nutzen, den
ursprünglicheren Partien am Rheinufer mehr Aufmerksamkeit zu schenken.

Die Haupt- als Grenzstadt

Römisches Köln

Bis vor kurzem galt Agrippina die Jüngere als Stadtmutter, nun hat Köln einen Stadtvater. Das ist kein Geringerer als der erste römische Kaiser Augustus. Zweifellos aber hat Agrippina, die Enkelin des Augustus, ihrer Geburtsstadt zu deren Namen verholfen. Von dem blieb allerdings nur die *Colonia* übrig, also nicht der Art-, sondern nur der Gattungsname – wie die Biologen sagen würden.

Büste der Kaiserin Agrippina.

Unsichere Zeiten – Köln im Jahr 70

> Dass ihr nun endlich wieder in die ruhmreiche Gemeinschaft Germaniens zurückgekehrt seid, dafür haben wir den Göttern zu danken.
>
> Tacitus: *Historien*, Buch 4

Im Jahr nach Neros Tod (6. Juni 68) bricht ein Chaos aus, wie es das Römische Reich sonst nur aus Zeiten des Niedergangs kennt. Vier Kaiser konkurrieren miteinander um die Herrschaft, einer davon ist Aulus Vitellius. Der römische Schriftsteller Sueton beschreibt ihn als Grobian, aber auch leutseligen Heerführer. »Überall unterwegs begrüßte er sogar je-

53

den gemeinen Soldaten, der ihm begegnete, mit Kuss und Umarmung.« Vitellius kommandiert die Truppen im Heeresbezirk Niedergermanien, sie rufen ihn am 2. Januar 69 in Köln zum Kaiser aus. Das Schwert des gottgleichen Julius Caesar, im hiesigen Marstempel aufbewahrt, gewinnt dabei hohen Symbolwert. Es wird dem neuen Caesar zum Zeichen seiner Legitimität übergeben.

Um seine Ansprüche durchzusetzen, musste sich Vitellius samt Streitmacht nach Rom begeben. Sobald Köln von Truppen so ziemlich entblößt war, tat sich hier Bemerkenswertes. Zunächst empören sich am linken Niederrhein die Bataver unter Julius Civilis. In Köln als natürlichem Zentrum der Region soll der Abfall von Rom ins Werk gesetzt werden. Tatsächlich leisten die verbliebenen Soldaten den Eid auf ein gallisches Sonderreich. Und siehe da, auch die Bevölkerung Kölns schlägt sich auf die Seite der Aufrührer.

Ob Tacitus in seinen *Historien* nur fabuliert hat, als er einem rechtsrheinischen Germanen den flammenden Aufruf zur Brüderlichkeit in den Mund legt? »Auf dass nun unser Freundschaftsbund für ewig gelte, fordern wir Euch auf, die Mauern eurer Colonia, dieses Bollwerk der Knechtschaft, reißt sie nieder!« Jetzt aber zeigen sich die Kölner von der Geschmeidigkeit, die sie auch später auszeichnen wird. Sie beruhigen die misstrauischen Verbündeten. Es gebe gar keine Romhörigen mehr in der Stadt, und beim Herannahen römischer Heere sei es im Sinne aller germanischen Volksteile, die Mauern um die Colonia eher zu verstärken als zu schleifen. Germanen seien in der Stadt willkommen, aber nur bei Tag – und ohne Waffen. Jedenfalls so lange, »bis die neuen und noch zu frischen Verhältnisse in Gewohnheit übergehen werden«.

Nachdem sich Vespasian als Imperator durchgesetzt hat, wechseln die Kolonisten die Seite, und alles läuft wieder im agrippinensischen Gleis. Aber es ist doch eine interessante Frage, wie es zur kurzzeitig gelebten »Blutsbrüderschaft« (Tacitus) kommen konnte. War die romanische Decke doch nicht dick genug, um das Bewusstsein einer anderen Zugehörigkeit niederzuhalten? Oder war die Aufgeschlossenheit für das Anliegen der »Blutsbrüder« doch nur ein taktisches Manöver?

Ein kurzer Gang durch Kölns römische Geschichte

Für die sechs Meter hohen Reste des Turms hat sich der Name »Ubiermonument« eingebürgert. Es trifft sich gut, dass dieses prägnanteste Zeugnis frührömischer Vergangenheit zwar im Keller, aber einem Brauhaus gleich gegenüberliegt. So wird der Zusammenhang von Geschichte und Gegenwart dieser Stadt auf ganz eigene Weise untermauert.

Der Turm bezeichnete die Südostecke der Befestigung, die das *oppidum Ubiorum* (Stadt der Ubier) umgab. Und er stand nicht vereinzelt, sondern war Teil einer Umwehrung. Seine massiven Tuffsteinquader ruhten auf einem Rost aus Eichenholz, der zugehörige Baum war 5 v. Chr. gefällt worden. Da die Römer das Holz frisch verarbeiteten, ergibt sich eine interessante Schlussfolgerung: Köln muss schon damals eine Stadt gewesen sein. Also bedeutend früher, als die offiziellen Feierdaten festhalten. Und die Gründung Kölns

»Römerturm« als Teil der römischen Stadtmauer.

geht damit nicht auf Agrippina, sondern auf Kaiser Augustus zurück.

Und es ist kein lokalpatriotischer Überschwang, der die Stadtgründung sogar ins Jahr 7 v. Chr. verlegt. Damals galt die »Befriedung« Germaniens als abgeschlossen. Die Eroberungsfeldzüge des Brüderpaares Tiberius und Brutus, ihre glänzende Siege rechts des Rheins gaben dem Kaiser Augustus Gewissheit, hier eine neue Provinz hinzugewonnen zu haben, deren Zentrum das *oppidum Ubiorum* sein sollte.

Oppidum Ubiorum nennt Tacitus das früheste Köln. Namensgeber waren die westgermanischen Ubier. Sie siedelten ursprünglich auf der rechten Rheinseite zwischen unterer Lahn und dem Taunus, hatten aber schon einige Zeit engere Kontakte zu den Römern. Marcus Vipsanius Agrippa, damals Statthalter unter Kaiser Augustus in Gallien, transferierte sie wahrscheinlich 19 v. Chr. ins Land zwischen Vinxtbach und Erft. Nachdem Cäsar die dort ansässigen Eburonen vernichtet hatte, war die Gegend nur noch dünn besiedelt. Ein Grund mehr, hier eine loyale Ethnie zu etablieren.

Die Ubier waren Garanten einer Kontinuität, die von den römischen Besatzern nicht völlig aus eigener Kraft geleistet werden konnte. Aber die hochentwickelte Organisation von Verwaltung und Heer ermöglichte ohne Weiteres, für das Ubier-Terrain eine Infrastruktur zu schaffen. Die städtische Siedlung selbst, das *oppidum*, entstand ein paar Jahre später, und es entstand auf dem Reißbrett. Eigentliches Zentrum war der »Ubieraltar« als Haupttheiligtum, hier wurden der gottgleiche Augustus und die Göttin Roma verehrt.

Agrippa, Freund des Augustus und einer der höchsten öffentlichen Bediensteten Roms, starb 12 v. Chr.; die schmählichste Niederlage der Römer sollte er nicht mehr erleben. Nach der Varusschlacht im Jahr 9 gaben die Römer ihr Vorhaben auf, die Völker bis zur Elbe hin unterwerfen zu wollen. Einzelne Vorstöße blieben Episode und der Rhein die Grenze. Umso größere Bedeutung kam Köln zu, das nun Schaufenster ins und für das feindliche Germanien war. Die Grenzstadt am Strom hatte sich als Machtzentrum des römischen Reiches zu präsentieren.

Das Jahr 50 n. Chr. bringt einen weiteren Schub für die urbane Karriere: Köln wird *Colonia* nach römischem Stadtrecht.

Urheberin dieser Erhebung war Agrippina, die gebürtige Kölnerin und Gattin des Kaisers Claudius, der wahrhaftig alles andere als ihr Eheherr war. Viel spricht dafür, dass sie den ihr angetrauten Kaiser vergiften ließ. Ältere Historiker konnten denn auch ihre Genugtuung darüber kaum verbergen, dass Agrippina auf Geheiß ihres Sohnes Nero im Jahr 59 umgebracht wurde. Demnach darf dahingestellt bleiben, ob »Agrippina« ein vertrauenerweckender Name für eine Versicherung ist.

Um 90 n. Chr. wurde Köln Hauptstadt, Hauptstadt der damals eingerichteten Provinz Niedergermanien. Ragendes Symbol war der kapitolinische Tempel, wo der neue Statthalter als erste Amtshandlung den Staatsgöttern Jupiter, Juno und Minerva opferte. In der ersten Hälfte des zweiten nachchristlichen Jahrhunderts erhielt die *Colonia* die imposante Stadtmauer. Einzelne Überbleibsel zeugen bis heute von ihr.

Die platte Ereignis-Geschichte bietet lange keine ähnlich markanten Daten mehr. Viel-

Römisches Köln um das Jahr 300, Rekonstruktion.

leicht noch, dass Köln um 260 die Hauptstadt, sicher aber der Regierungssitz des äußerst kurzlebigen gallischen Sonderreichs war. Noch einmal konnte Konstantin der Große dem Imperium Romanum alten Glanz verleihen. Davon profitierte auch Köln. Die Stadt erhielt um 310 die erste Rheinbrücke (siehe S. 40).

Ein präzises Datum kann die Köln-Chronik verzeichnen: Am 11. August 355 stirbt hier der 28-Tage-Kaiser Silvanus. Vom Sohn Konstantins im fernen Byzanz beauftragt, die Germanen niederzuhalten, wird in Umlauf gesetzt, Silvanus strebe die Alleinherrschaft an. Nach Lage der Dinge bleibt ihm nichts anderes übrig, als dem Gerücht Folge zu leisten. Von seinen Soldaten zum (Gegen-)Kaiser ausgerufen, wird er schon nach kurzer Zeit von den Seinen ermordet. Silvanus' Absicht, in einem christlichen Kultraum Zuflucht zu suchen, wird vereitelt, bevor er die Versammlungsstätte erreicht. Seinem Tod verdankt sich die erste Nachricht von Christen in Köln.

Um 460 gerät die *Colonia* endgültig unter die Herrschaft der Franken. Schon die Jahrzehnte zuvor hatten sie das Land am Niederrhein immer wieder heimgesucht. Um Köln war eine Mischbevölkerung aus Romanen und Germanen entstanden. In der Stadt selbst können sich die Römer länger behaupten. Aber die Einnahme schreibt eigentlich nur fest, dass die germanischen Eroberer hier schon einige Zeit die faktischen Herrscher waren.

Das Gesicht der Römerstadt

Schon die bauliche Kontinuität ist bemerkenswert: Das Kölner Rathaus steht über dem Praetorium, später Sitz des Statthalters der römischen Provinz *Germania inferior*. Der stattliche Palast selbst hat weit über die Römerzeit hinaus noch den fränkischen Unterkönigen als Residenz gedient.

Trotz mittelalterlicher Stadtverwinklung und neuzeitlicher Straßenschneisen blieben die beiden großen Achsen der Römerstadt gegenwärtig. Die Hohe Straße zeichnet den *cardo maximus* nach, der die Stadt schnurgerade von Nord nach Süd durchzog. Das Nordtor, dessen Seitenpforte am Rand der

Domplatte nachgebaut ist, bot ein triumphales Entree, sein Gegenstück stand am Ende der Straße Hohe Pforte, jenseits begann die Fernstraße nach Bonn. Vom imperialen Halbrund des Forums, im gedachten rechten Winkel zur Hohen Straße, ging der *decumanus maximus* nach Westen ab. An seinem Verlauf orientiert sich die obere Schildergasse.

Schwieriger wird die Orientierung im Fall der römischen Rheinfront. Unterhalb des Plateaus lag der Hafen, zunächst gut geschützt in einer Flutrinne. Sie setzte sich aber schon während der römischen Zeit zu, jetzt konnte die vorgelagerte Insel samt verlandetem Rheinarm zur Stadterweiterung genutzt werden. Der neue Hafen entstand direkt am Ostufer des Hauptstroms. Hochwassersicher war dieses Terrain natürlich nicht.

Kein Problem gab es auf der Hochfläche, dort bildete eine römische Stadt mit Praetorium, Forum, Mars- und Kapitolstempel eine Rhein-Schauseite, die auch auf ihre Wirkung ins »freie« Germanien hinein berechnet war. Neuere Ausgrabungen vermitteln ein immer

Reste der römischen Stadtmauer.

genaueres Bild dieser *Colonia*. So müssen im heutigen Gürze-nich-Quartier Anfang des 2. Jahrhunderts beträchtliche Bau-maßnahmen stattgefunden haben.

Oberirdisch am deutlichsten präsent ist die römische Stadtmauer. Zunächst hatte ein Holz-Erde-Wall den bebauten Raum umgeben, er war allerdings an den rheinseitigen, stra-tegisch wichtigen Punkten mit steinernen Türmen gesichert. Wohl von 80 bis 100 n. Chr. entstand dann die feste Umweh-rung. Nahezu 4 Kilometer lang und 8 Meter hoch, umschloss sie eine Fläche von etwa einem Quadratkilometer.

19 Rundtürme dienten der Verteidigung, neun Tore boten Einlass. Die Nordtor-Überreste sind auf drei Stellen verteilt: Im Römisch-Germanischen Museum wird der monumentale Hauptbogen ausgestellt (mit eingemeißeltem »CCAA« auf der Feldseite), in der Tiefgarage unter dem Dom ist sein Funda-ment erhalten, der kleinere Seiteneingang hat auf der Dom-platte eine sofort sichtbare Bleibe gefunden.

Anhaltspunkte im heutigen Stadtbild bieten die Ecktürme der Befestigung. Der Römerturm im Nordwesten ist auch we-gen seines Dekors das eindrucksvollste Beispiel, die Zinnen über seinem Rundbau wurden allerdings erst später aufge-setzt. Der Turm im Südwesten (an der Griechenpforte) weist keinen Schmuck auf, dafür ist in der Nähe das mit 160 Metern längste Stück römische Stadtmauer erhalten. Sie war aller-dings nicht gemauert, sondern gegossen, in einer Technik, die einzelne Gesteinstücke in einen festen Mörtelverband ver-backte. Die Mauerpartie am »Mühlenbach« erinnert zusam-men mit dem Straßennamen an den Duffesbach. Übrigens täuscht hier die namentliche Vielzahl der »Bäche«. Es ist im-mer nur einer, eben der Duffesbach. Nur ist er längst in den Orkus der Kanalisation verbannt, diente aber zur Römerzeit als Graben vor der südlichen Mauer.

Selbstverständlich gibt es auch hier Gelegenheit, das gro-ße Thema Untergrund zu vertiefen. Ein Kernstück der befes-tigten Rheinseite erschließt die Schaustube unter dem Kurt-Hackenberg-Platz. Hier stand das mächtige Hafentor mit dem Abwasserkanal unterhalb. Sein Fundament war mit – großar-tig erhaltenen – Brettern aus Tannenholz verschalt. Die zuge-hörigen Bäume hatten im Schwarzwald gestanden.

Köln im Mittelalter

Historische Streiflichter

Kölns Aufstieg zu einem der bedeutendsten Wirtschafts-
standorte des Mittelalters spiegelt sich auch in der Einwoh-
nerzahl und den weitausgreifenden Handelsbeziehungen
wider. Die Kehrseite der Prosperität sind die stadtinternen
Auseinandersetzungen mit den Benachteiligten. Erstaunlich,
wie wenig die politischen Auseinandersetzungen und gesellschaftlichen Konflikte die ökonomische Entwicklung beein-
trächtigten.

Es hat einige Jahrhunderte gedauert, bis Köln an seine Bedeutung in römischer Zeit anknüpfen konnte. Doch um das
Jahr 1000 blühten hier wieder Handel und Gewerbe, mit der
Erweiterung von 1106 gewann die Stadt an Größe und Ein-
wohnerzahl, und noch einmal, noch bedeutender erweitert
wurde sie schon knapp achtzig Jahre später. Um 1250 zählte
Köln 40 000 Einwohner und gehörte zu den damals größten
urbanen Zentren Europas.

Diesen Rang unterstreicht das so genannte Schreinswe-
sen. Meist auf Ebene der Kirchspiele wurden seit 1130 grund-
buchähnliche Dokumente gesammelt und in einer Lade
(einem Schrein) aufbewahrt. Wie in keiner anderen Stadt er-
lauben sie, die Veränderungen im Stadtbild über eine so lange
Zeit und mit solcher Genauigkeit im Detail zu verfolgen. Wer
den Ehrgeiz hat, die Entwicklung des mittelalterlichen Köln
akribisch nachzuverfolgen, muss die Veröffentlichungen zu
den Schreinskarten und -büchern durchforsten.

Das allerdings wäre ein ambitioniertes Projekt. Mehr Anschaulichkeit versprechen die zahlreichen Bildzeugnisse, allen voran natürlich der grandiose Holzschnitt von Anton
Woensam (1531) (siehe S. 38 f.). Und natürlich finden sich die
Zeugnisse des mittelalterlichen Stadtbilds auch in der Stadt
selbst, wir erinnern nur an die Kirchen.

Die wilden 1260er –
die Stadt vertreibt den Stadtherrn

Das Overstolzenhaus – ein Patrizier-Domizil

Denkmalschutz über Bande: De facto verhinderten die Franzosen den Abriss des Overstolzenhauses. Sein damaliger Besitzer, der Freiherr Franz Georg von Leykam, hatte es vorgezogen, sich vor den Besatzern als kurmainzischer Resident nach Prag zurückzuziehen. Ganz davon abgesehen, dass sein Abgang ein politisches Statement war, hinderte ihn die weite Entfernung daran, das geschichtsträchtige Gebäude niederlegen zu lassen.

Auch das 19. Jahrhundert sollte noch reichlich Gelegenheit bieten, romanische Häuser aus dem Stadtbild zu tilgen. Ein Glück, dass mit dem Overstolzenhaus das älteste Patrizierhaus Deutschlands erhalten blieb. Um 1230 erbaut, war es die Bleibe des ruhmreichsten Kölner Kaufleute-Geschlechts, dessen Stammvater Gottschalk (1145–1212) auch dank einer Heirat zu bedeutendem Vermögen gekommen war.

Der zweischiffige Gewölbekeller und das Erdgeschoss waren den Handelsgeschäften vorbehalten. Darüber lagen zwei Wohn-Stockwerke. Das untere wird vollständig vom repräsentativen Festsaal eingenommen, seine Fensterreihe ist am aufwendigsten gestaltet. Die vier Speichergeschosse darüber werden von einem hohen Stufengiebel gerahmt.

Spekulation bleibt, ob diese Vorratsräume auch deshalb so viel Fassadenfläche beanspruchten, weil Werner von der Schuren Mitbesitzer war. Er hatte zwar den Namen seiner Gattin Blithildis Overstolz (1174–1255, Tochter des Gottschalk) angenommen, doch hieß das Haus später auch nach ihm »zur Scheuren«. Trotz vieler Besitzerwechsel blieben – mit einigen Veränderungen gegenüber dem ursprünglichen Erscheinungsbild – nicht nur die imposante Fassade erhalten, sondern im Inneren auch Reste romanischer Malerei.

Allerdings liegt das Overstolzenhaus nicht an den touristischen Hauptwegen, sondern etwas abseits in der südlichen Altstadt (Rheingasse 8). Heute wird es von der Kunsthochschule der Medien genutzt.

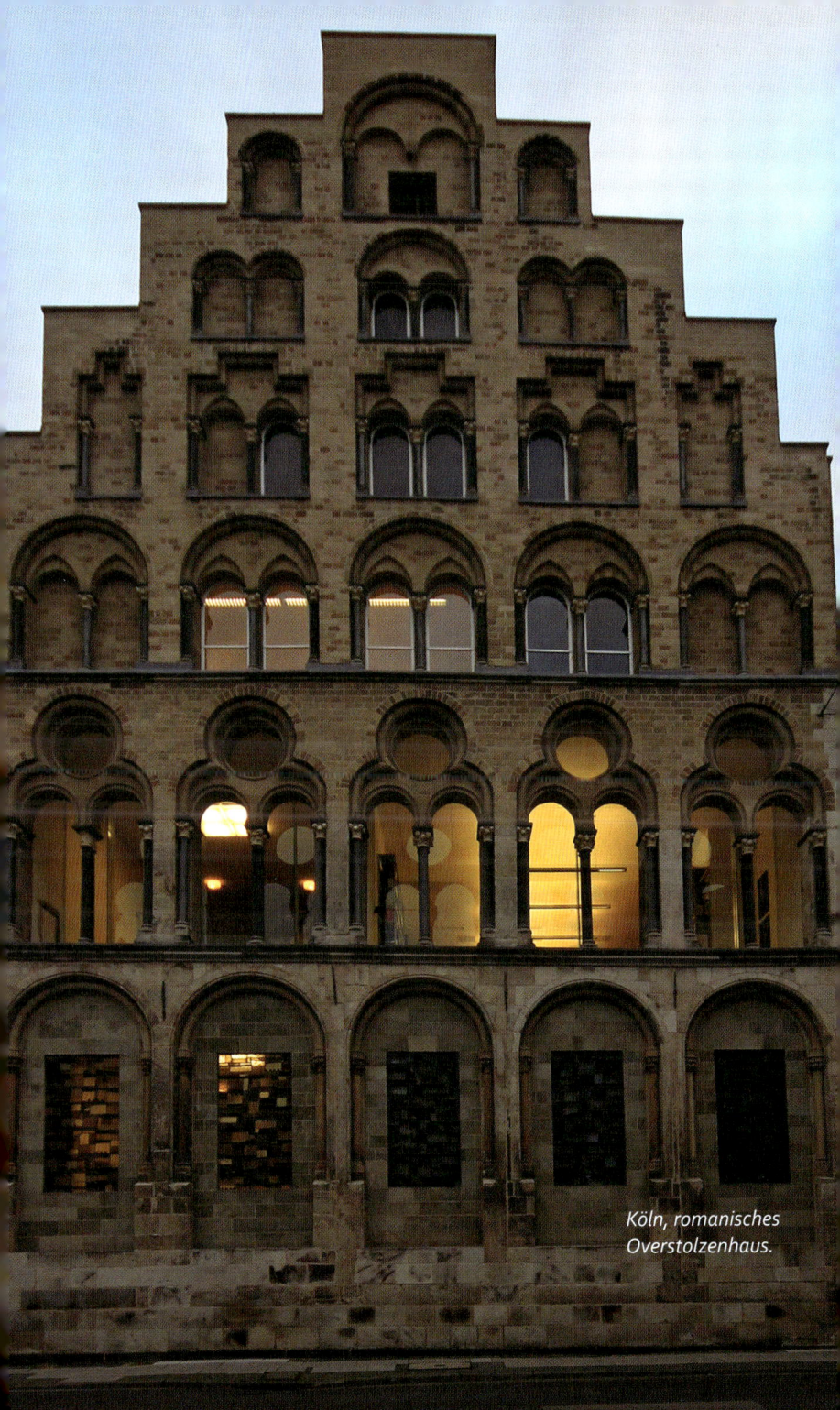

Köln, romanisches Overstolzenhaus.

Ob es den »Schuster Havenith« (Habenichts) wirklich gegeben hat, ist ungewiss. Auf jeden Fall ist er eine deutlich umrissene Figur der Kölner Folklore. Der arme Mann soll direkt an der Stadtmauer gewohnt und anno 1268 gegen gutes Geld dem Erzbischof und seinen Verbündeten geholfen haben, durch einen Tunnel in die Stadt einzudringen.

Keinen Zweifel gibt es an der Existenz des Erzbischofs Engelbert II. von Falkenburg. Im vorletzten Jahr seiner Regentschaft hatte er noch die Genugtuung, Rudolf von Habsburg zum König zu krönen, aber als Kölner Stadtherr war er kläglich gescheitert. Dabei hatte er sich hartnäckig um die Rückeroberung seiner Metropole bemüht.

1262, 1265, 1268: Die drei Jahreszahlen stehen für die drei vergeblichen Versuche dieses Engelbert, seinen Herrschaftsanspruch durchzusetzen. Schon als gewählter, aber noch nicht geweihter Kirchenfürst war ihm 1262 ein bemerkenswertes Kunststück gelungen: Die Kölner Bürger, obwohl untereinander heftig zerstritten, standen im Kampf gegen seine Person zusammen. Nachdem er sie mit – aus ihrer Sicht – dreisten Forderungen überzogen hat, greift die Einwohnerschaft zu den Waffen und erobert nach hartem Kampf die Zwingburgen Engelberts. Selbst als er die Stadt daraufhin mit erheblicher Kriegsmacht belagert, gelingt es ihm nicht, sie einzunehmen.

1263 wird Engelbert sogar in Köln festgesetzt. Nun verhängt der Papst den Bann über die Stadt, doch zeigen sich die Bürger davon nicht wirklich beeindruckt. Immerhin kommt Engelbert wieder frei, und natürlich lassen ihn die erlittenen Demütigungen nicht ruhen. Im September 1265 versucht er, Köln wieder in seine Gewalt zu bringen, scheut nicht List und Verrat, doch erneut scheitert die Belagerung. Einer seiner Verbündeten, der Graf von Kleve, hatte im Traum »die Mauern der Stadt von den Heiligen besetzt« gesehen. Für den Klever hieß das: Aufgabe des offenbar gotteslästerlichen Unternehmens. So jedenfalls will es die Koelhoff'sche Chronik von 1499 wissen.

1268 unternimmt Engelbert seinen dritten Anlauf, das Hauptereignis ist als »Kampf an der Ulrepforte« in die Geschichtsbücher eingegangen und hundert Jahre später in einem äußerst kunstvollen Relief festgehalten worden. Diesmal hatte der Erzbischof die Bürgerschaft spalten können. Die patrizische Fraktion der »Weisen« war aus der Stadt vertrieben worden und stand nun wie auch einige unzufriedene Handwerker auf seiner Seite. Ein Tunnel wird unter der Stadtmauer gegraben, durch den der Feind ins Stadtinnere gelangt. Aber die Verteidiger werden rechtzeitig aufmerksam und halten blutige Ernte unter den Eindringlingen. Nun resigniert auch Engelbert, 1274 wird er in seiner Notresidenz Bonn sterben.

Seitdem ist Köln eigentlich eine freie Stadt, die vielzitierte Schlacht von Worringen 1288 bestätigt diese Freiheit noch einmal eindrucksvoll. Die Erzbischöfe, rings um ihre Metropole die unumstrittenen Territorialfürsten, kehren nie wieder als Stadtherren zurück. Allerdings dauert es bis ins Jahr 1475, bis sich Köln auch von Rechts wegen mit dem Titel »Freie Reichsstadt« schmücken darf.

Ein Bollwerk – die Stadtmauer

In Prachtbänden sind die prächtigen Kölnansichten vereint. Die Bilder und Stiche zeigen auch eine mächtige Stadtumwehrung, die vor allem Unbezwingbarkeit ausstrahlt. Schwieriger wird es, Klarheit über das mittelalterliche Stadtganze vor Ort zu gewinnen. Die Ringe halten den früheren Umriss ungefähr

Koelhoff'sche Chronik, Stadtansicht von Köln.

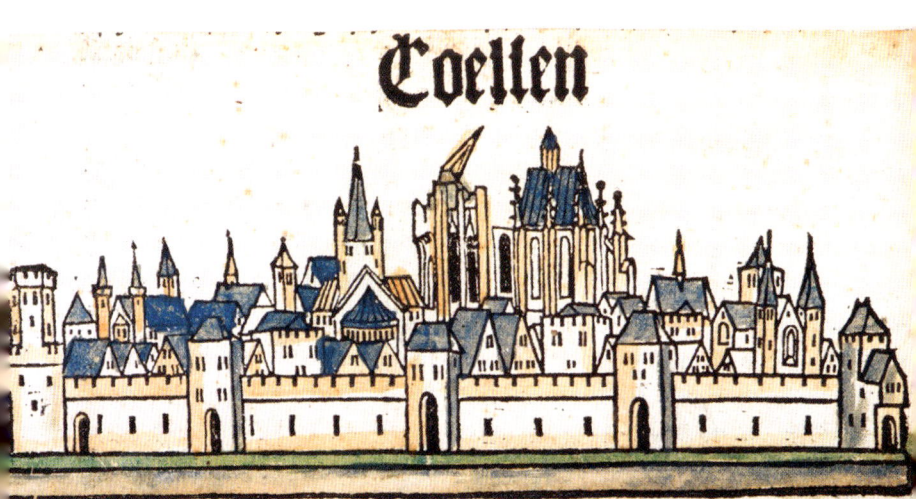

gegenwärtig. Und allen gründerzeitlichen Abrissbirnen zum Trotz gibt es sie noch, die – spärlichen – Überreste der Stadtmauer und die wichtigsten drei Stadttore.

Diese Umwehrung muss schon deshalb zwingend gewürdigt werden, weil sie tatsächlich über Jahrhunderte jeden Feind abgewiesen hat. In einer Länge von 8 Kilometern umschloss sie die Stadt, große Gärten und viele Rebzeilen lagen innerhalb ihrer Mauern. Um 1180 begannen die Arbeiten am mächtigen Bering, sechzig Jahre später waren sie vollendet. Müssen wir noch hinzufügen, dass für den Bau keine Erlaubnis des Stadtherrn eingeholt wurde, in diesem Fall des Erzbischofs Philipp von Heinsberg?

Zwölf Stadttore hatte Köln, zwölf wie das Himmlische Jerusalem aus der Offenbarung des Johannes. Die drei erhaltenen Tore sind mächtige Baukörper von burgenartigem Erscheinungsbild. Auf der Karte lassen sie sich zum Drei-

Wilhelm Scheiner, »Die Stadtmauer am Thürmchenswall« (um 1890).

eck verbinden, seine Grundlinie reicht vom Eigelstein im Norden bis zum Südende der Severinstraße. Die Spitze verkörpert das Hahnentor. Es galt als vornehmstes Entree, schließlich zogen durch seinen Bogen (lange) die Herrscher des Reiches, wenn sie nach ihrer Krönung in Aachen den Heiligen Drei Königen huldigen wollten.

Einlass boten auch die (kleineren) Pforten. Am Thurnmarkt blieb eine Pforte zum Rhein hin erhalten, ihre völlige Vereinzelung lässt sie heute leicht surreal wirken. Anders die Ulrepforte an der ehemaligen Feldseite. Sie hat ihren Namen von den Eulern, den Töpfern, und war genau genommen keine Pforte, sondern das kleinste Stadttor. Hier steht auch das eindrucksvollste Stück Mauer, und vor ihn verläuft sogar noch der Wallgraben. Im Übrigen wurden etliche Türme der Umwehrung später einer »zivilen Nutzung zugeführt«, sprich zu Mühlen umgebaut. Das lässt sich bei der Gereonsmühle

Hahnentor auf einer historischen Postkarte, um 1900.

noch nachvollziehen, andere Stadtturm-/Mühlenstümpfe wirken dagegen ziemlich unansehnlich.

Eine gewisse Pflege erfuhr der Bayenturm. Als südlicher Eckpunkt der rheinseitigen Mauer hatte er auch eine repräsentative Funktion. Dem Bayen- entsprach der Kunibertsturm im Norden. Von ihm blieb allerdings nur ein Vorwerk erhalten.

Dieses Türmchen heißt im Volksmund »Weckschnapp«, es reichte bis in den (damaligen) Rhein. Der Sage nach soll es als Verlies gedient haben, ein Verlies, aus dem es kein Entrinnen gab. Wer hier gefangen saß, konnte nur zwischen zwei Todesarten wählen, entweder langsam Hungers sterben oder sich plötzlich zerstückeln lassen. Hoch über den Delinquenten hing ein Wecken. Dieses einzige Nahrungsmittel ließ sich nur springend »schnappen«, aber der

▼ *Bayenturm am Rhein. Kunibertsturm, auch »Weckschnapp« genannt.* ▲

Sprung führte unfehlbar in den Schacht, dessen Ende mit einer Batterie langer Messer bestückt war. Die Leichenteile spülte der Strom hinweg. Sicherheitshalber sei noch einmal betont, dass sich hier um die Ausgeburt einer blutigen Phantasie handelt.

Verbundbrief und Bürgerzwiste

Fast sieht es nach einem Ablaufmuster aus: Zunächst begünstigt ein starker Stadtherr die wirtschaftliche Entwicklung der Stadt. Als diese ihrerseits erstarkt, sucht sie die Unabhängigkeit vom starken Stadtherrn. Tatsächlich wird er aus der Stadt gedrängt, nun aber entzweien unterschiedliche Interessen die Bürger. Woraus der gewesene Stadtherr Kapital zu schlagen versucht, letztlich aber erfolglos bleibt.

Einen ersten Bürgeraufstand gegen den Erzbischof verzeichnen die Urkunden schon im Jahr 1074. Angeblich entkommt Anno II. durch einen Riss in der römischen Stadtmauer, jedenfalls muss er tief gedemütigt fliehen. Er kehrt mit einer Streitmacht zurück. Es gelingt ihm, die gottgewollte Ordnung wiederherzustellen, blutige Vergeltung eingeschlossen. Die Vita Annos spricht sogar vom Nachracheakts-Köln als »Einöde«.

Aufs Ganze gesehen behindern Annos Strafmaßnahmen die Entwicklung der Stadt nur wenig. Im frühen 12. Jahrhundert formiert sich deren Führungsschicht. Sie wird durch zwei Gremien repräsentiert: Stark unter dem Einfluss des Erzbischofs steht anfangs das Schöffenkolleg, das sich personell mit der »Richerzeche« überschneiden kann. Die Zeche der »Reichen« ist einer dieser Kölner Sonderfälle. Sie hält die Fäden der städtischen Verwaltung in der Hand, z. B. gestattet sie allein die Organisation der Handwerker in Zünften, die in Köln zunächst Bruderschaften heißen. Die Zeche stellt die Bürgermeister, seit 1130 trifft sie sich im (späteren) Rathaus an der Judengasse. Über die Jahrzehnte und Jahrhunderte wird sie einige ihrer exklusiven Rechte an den (1216 erstmals bezeugten) Rat abtreten, doch das mindert ihr politisches Gewicht kaum.

Auch außerhalb dieses exklusiven Kreises gab es wohlhabende Kaufleute und sehr gut gestellte Handwerker. Die wahren Opponenten gegen das Patriziat kamen aus den mitgliederstarken Zünften. Im Verlauf des Spätmittelalters nehmen diese Auseinandersetzungen an Schärfe zu. Auch die Familienverbände der Geschlechter bekämpfen sich untereinander. Je nachdem schlägt sich der Erzbischof auf die Seite der einen oder anderen Konfliktpartei, um in der Stadt wieder Fuß zu fassen. Denn natürlich bleibt es ein Stachel im Fleisch des Stadtherrn, aus dem Zentrum seines Territoriums vertrieben worden zu sein.

Der zünftische Widerstand gegen das Stadtregiment erreicht seinen Höhepunkt mit dem Weberaufstand und Weberkrieg 1371. Die Weber ziehen den Kürzeren, noch einmal sind die Geschlechter obenauf. Aber sie können sich dort nicht mehr lange halten. Am 14. September 1396, nach jahrelangen Auseinandersetzungen, wird eine grundlegende Stadtverfassung in Kraft gesetzt. Dieser »Verbundbrief« beendet die Herrschaft des Patriziats. Nun ist der Rat alleiniger Entscheidungsträger.

Der Verbundbrief ist ein äußerst feierliches Dokument, nicht weniger als 23 Siegel hängen ihm an, darunter das große Stadtsiegel (leider wurden sie beim Archiv-Einsturz am heftigsten mitgenommen). Aber auch Pergament ist geduldig. In den 1480er Jahren gibt es erneut eine Revolte gegen den Rat, dem Amtsmissbrauch, Erhebung ungerechter Steuern und Korruption vorgehalten werden.

Einstweilen schafft man sich die Aufrührer durch Enthauptung vom Hals (1482). Aber selbst drastische Willkürakte können die Wut auf das Stadtregiment nicht mehr niederhalten. 1513 entmachten die Zünfte den Rat und installieren einen neuen. Zehn Vertreter der alten Machtelite sterben durch das Schwert. Der »Transfixbrief« als Ergänzung zum Verbundbrief stellt (wenigstens einstweilen) den Rechtsfrieden wieder her.

Bleibt anzumerken, dass auch die heftigste Gegenwehr eine Herrschaft der Wenigen auf Dauer nicht verhindern kann. In dieser Hinsicht gibt es keine Zäsur zwischen Mittelalter und Neuzeit.

Erzwungener Verbleib – das Stapelrecht

Dass der Kölner als solcher sehr zu Lebensweisheiten neigt, zeigt schon das »kölsche«
Grundgesetz (siehe S. 9). Eine weniger bekannte Maxime lau-
tet ziemlich wörtlich übersetzt: »Handeln ist besser als mit
den Händen.«

Szenenwechsel: Der so genannte Hansasaal im Kölner
Rathaus zeigt auf seiner Südseite die »Neun guten Helden«
(siehe S. 92). Im Giebel über ihnen thront Ludwig der Bayer,
assistiert von zwei Figuren. Sie verkörpern das Befestigungs-
und das Stapelrecht, die Ludwig als König den Kölnern be-
stätigte.

Das Wort »Stapel« klingt unverfänglich. Aber das Stapelrecht war für die hiesige Wirtschaft von allergrößter Bedeutung. Es zwang alle Kaufleute mit ihrer Ware in die Stadt, jedenfalls soweit sie auf dem Rhein unterwegs waren. Schon
früh bemühten sich die Kölner, den Stapel durchzusetzen, als
Recht verbriefte ihn Erzbischof Konrad von Hochstaden 1259.

Dass der Stapel so effektiv betrieben werden konnte,
hat entscheidend mit der Wasserstraße zu tun. Denn knapp

südlich von Köln wechselt der Rhein seine Stromnatur. Der Mittelrhein mit seinen gefährlichen Untiefen erforderte andere Schiffe als der Niederrhein, den sogar hochseetaugliche Schiffe befahren konnten. So mussten alle Waren in Köln umgeladen werden.

Der Stapelzwang wurde besonders wichtig, als sich die Stadt mit dem Erzbischof verfeindete und damit das Umland als Markt und Lieferanten verlor. Für den Aufenthalt der Handelsgüter galt (meist) eine Drei-Tage-Frist, dann konnten sich ihre Besitzer nach nichtkölnischen Interessenten umsehen. Erschwerend kam hinzu, dass die auswärtigen Kaufleute keine Geschäfte untereinander machen durften, sondern gezwungen waren, Kölner Bürger als Zwischenhändler einzuschalten. So spiegelte sich der Stapel auch im Stadtbild wider. Große Kaufhäuser wurden eingerichtet, um den Handel zu konzentrieren und zu kontrollieren. Das wichtigste war der 1344 vollendete Gürzenich.

Doch natürlich machte der Stapel böses Blut. Das wusste die Stadt und versuchte den Stapelzwang durch Qualitätsgarantien zu kompensieren. Sie gab Gütesiegel aus, und tatsächlich hatte dieser »Kölner Brand« im Heringshandel einen besonders guten Ruf. In Köln wurden die Fässer kontrolliert und die Fische neu gesalzen. Verdarb das heikle Lebensmittel trotzdem einmal, wurde sogar Ersatz geleistet – wenigstens aber versprochen.

Damit kommt die Kommune selbst ins Spiel. Das Stapelrecht heckte Steuern, Gebühren und Abgaben, führte also der Stadtkasse erhebliche Einnahmen zu. Kein Wunder, dass die Kölner dieses Recht bis ins 19. Jahrhundert hinein zäh verteidigten. Was übrigens nicht heißt, dass die mittelalterliche Stadt sich nur auf den Handel verlassen hätte. Köln hatte ein florierendes Gewerbe, angefangen von der Tuchherstellung über die Waffenproduktion bis hin zu den Preziosen der Goldschmiede. Es wurde also sehr wohl auch mit den Händen gearbeitet.

Gut gelitten

Köln und seine Märtyrer

Eigentlich geht es bei den Heiligtümern nicht vorrangig um Quanti-, sondern um Qualität. Aber hierorts steht die gewaltige Menge offenbar doch für die besondere Güteklasse. Jedenfalls hat sich Köln die Vielzahl verehrungswürdiger Gebeine lange zugutegehalten. Ungeachtet manchen Zweifels, ob aus dem Vollen schöpfen auch heißt, dieser Fülle würdig zu sein.

Das Kölner Lächeln und eine Anmerkung des Erasmus

Ein Kölner Lachen ja, aber ein Lächeln? Sicher, es gibt – siehe oben – das stille Amüsement des Grielächers, aber das Lächeln zu nennen, verbietet sich wegen seiner impliziten Bosheit. Das Kölner Lachen ist ein beseligtes Lächeln. Es findet sich bevorzugt auf den Reliquienbüsten des Mittelalters. Also fast nur in den hiesigen Kirchen und ihren Schatzkammern.

Aber warum lächeln diese Frauen und selbst diese Männer? Wo sie sich doch Martern aller Arten unterwerfen mussten? Ihre Lebensbeschreibungen übertreffen sich in der Grausamkeit der Folter- und Todesarten. Und mancher Legendenbearbeiter mochte sie seinen Lesern nur in gereinigter Fassung zumuten. Auch der heutige Betrachter staunt. Als routinierter Konsument von Krimiserien hätte er eher qualverzerrte Mienen erwartet.

Aber diese Märtyrer, deren Gebeine die Büsten bewahren, haben den Tod ja hinter sich. In den sie ohnehin freudig gegangen sind, nach dem sie sich oft sogar gedrängt haben. Und jetzt, als Heilige, genießen sie die Freuden des Paradieses. Daher ihr Lächeln, dieses inwendige, wahrhaft himmlische.

Die Reliquienbüsten sind immer noch erstaunlich zahlreich erhalten, am dichtesten zusammen stehen sie in St. Ursula. Und dass Köln die reliquienreichste Stadt nach Rom war, wusste natürlich auch der große Humanist Erasmus von Rotterdam (gest. 1536). Er hat Köln deshalb »eine glückliche Stadt« genannt – nicht ohne hinzuzufügen: »Glücklicher noch wird sie zukünftig sein, wenn sie die Tugenden derer nachahmt, deren Reliquien sie hütet.«

Leicht ließe sich folgern, dass mit dem heiligen Gebein auch unheilige Geschäfte getrieben wurden. Für einen schwunghaften Reliquienhandel gibt es, obwohl das Gegenteil hartnäckig behauptet wird, nur wenige Belege. Die meisten Kirchen oder Klöster haben jedenfalls ihre heiligen Gebeine nicht gegen Geld veräußert.

74

Daran, dass die Stadt aus ihren vielen Heiligen – und allen voran natürlich den Drei Königen – auch materiellen Nutzen zog, besteht kein Zweifel. Das florierende Pilgerwesen stärkte ihre Wirtschaftskraft. Ob beim Umgang mit den Wallfahrern die Tugend der Redlichkeit immer gewahrt blieb, steht natürlich auf einem anderen Blatt.

Zahlreiches Gefolge – St. Ursula

Dat es jerechnet wie de elfdausend Jungfraue ze Kölle.
[will sagen: stark aufgerundet]

Dank ihres Gefolges hat keine zu dieser Fülle mehr beigetragen als die St. Ursula. Der Legende nach erlitten sie und ihre Schar den Märtyrertod vor den Mauern Kölns. Bezeichnenderweise durch die Hunnen, also die Barbaren schlechthin. Ursula wäre verschont geblieben, hätte sie den Anführer der heidnischen Horden geehelicht. Sie weigerte sich und folgte ihrem Gefolge.

Nun beißt keine Maus daran einen Faden ab, dass diese Ursula eine völlig legendäre Figur ist, also nie gelebt hat. Doch ebenso wenig lässt sich bestreiten, dass sie eine äußerst populäre Heilige ist. Das bekräftigen zahlreiche Patrozinien in aller Welt, erlesene Kunstwerke künden von ihrem Martyrium. Die britischen Jungferninseln, berüchtigter Standort der Offshore-Finanzbranche, führen sie im Wappen und so weiter und so fort.

Schon wegen des quantitativen Aspekts hat es seinen Reiz, der Legende so profund wie möglich auf den Grund zu gehen. Als wichtigster Anhaltspunkt gilt die berühmte Clematius-Inschrift, der lateinische Text ist heute noch an der Chorsüdwand von St. Ursula nachzulesen. Er endet mit der Drohung:

Wenn jemand aber unter der so großen Majestät dieser Basilika, wo die heiligen Jungfrauen für den Namen Christi ihr Blut vergossen haben, irgendjemandes Leichnam bestattet, mit Ausnahme der Jungfrauen, so wisse er, dass er mit ewigen Höllenfeuern bestraft wird.

Die Inschrift ist in Stein gemeißelt, dennoch hat ihre Autorität gelitten. Lange wurde die Tafel als spätantik angesehen, heute wird sie eher der Zeit um 900 zugeordnet. Immerhin bezeugen schon Quellen des Frühmittelalters eine Jungfrauenverehrung zu Köln. Erste Umrisse gewinnt die Legende im 10. Jahrhundert, zunächst ist von 11 000 Jungfrauen, aber noch nicht von Ursula die Rede. Am wahrscheinlichsten ist, dass die hohe Zahl auf eine falsch gedeutete Abkürzung zurückgeht. Mit der ersten *Passio Ursulae* (um 975) sind die Grundzüge der Erzählung ausgebildet.

In der Folge sollten noch etliche Details hinzukommen. Wie viele mittelalterliche Tafelgemälde zeigen, führt Ursula bei ihrer Rückkehr aus Rom auch etliche Kirchenfürsten im Gefolge, die kein Geringerer als der Papst anführt. Die Männergruppe könnte mit dem realen römischen Gräberfeld zusammenhängen, über dem St. Ursula erbaut ist. Dort traten auch männliche Skelette zutage, und sie verlangten nach einer Erklärung.

Meister der Kleinen Passion, »Martyrium der hl. Ursula und ihrer Gefährtinnen« (um 1410).

Übrigens gilt diese antike Nekropole als »ergiebigster Reliquienfundort nördlich der Alpen«. Und dank der zahlreichen Gebeine

ließen sich die Reliquien großzügig streuen. Auch diese Gaben trugen zur Verbreitung des Ursula-Kults bei.

Die bizarren Ausschmückungen der Legende ändern nichts an der Popularität der Heiligen und ihrer Schar. Auf dem Altar der Stadtpatrone von Stefan Lochner beherrschen sie den linken Flügel, die elf Flammen im Kölner Stadtwappen halten sie gegenwärtig. Und wie man es dreht und wendet: St. Ursula und ihre Leidensgenossinnen haben weit über Köln hinaus gewirkt.

Auch nicht wenig: St. Gereon und die Thebäische Legion

Vor der Erwartung, den ganzen Kölner Heiligenfächer aufzuschlagen, kapitulieren wir lieber gleich. Aber nachdem schon mit den Drei Königen und Ursula mit ihrer Schar zwei Stadtpatron-Ensembles gewürdigt wurden, sollen St. Gereon und seine Thebäer nicht fehlen.

Auch er taucht auf dem bewussten Lochner-Altar in Gesellschaft auf. Das tut er nicht nur wegen des kompositori-

schen Gleichgewichts, also der dicht umdrängten Ursula auf dem anderen Flügel. Vielmehr war Gereon ein Offizier aus der römischen Legion, die aus dem ägyptischen Theben kam und aufgrund ihrer kollektiven Weigerung, dem christlichen Glauben zu entsagen,

Iskender Yediler, Kopf des hl. Gereon, zeitgenössische Plastik vor der Kirche.

von Staats wegen liquidiert wurde. Ihre Märtyrerspur zieht sich aus der Schweiz (Mauritius) bis über Bonn (Cassius und Florentius) nach Xanten (Viktor). An Köln blieb der Hauptmann Gereon haften. Die Legende will wissen, dass sein Leichnam wie die toten Körper seiner Gefährten in einen Brunnen geworfen wurden. Und Gregor von Tours weiß vom Hörensagen, dass fünfzig Märtyrer der Legion in der Kölner Kirche »Zu den Goldenen Heiligen« begraben sind.

Die Kirche St. Gereon hat einen weiteren, allerdings weniger bekannteren Patron: Gregorius Maurus. Auch dieser Maurus, also Schwarzer, gehörte der Thebäischen Legion an, auch mit ihm gingen zahlreiche dunkelhäutige Soldaten für ihren christlichen Glauben in den Tod.

Heiliges Rauschen – der Blutbrunnen in St. Andreas

Im Vorraum der Kirche St. Andreas steht ein steinernes achteckiges Gehäuse, das deutlich der spätesten Gotik angehört. Sein wuchtiger Deckel bekräftigt die Annahme des unbefangenen Betrachters, hier könne es sich eigentlich nur um ein Taufbecken handeln. – Aber weit gefehlt. Das Behältnis ist ein Blutbrunnen, und wer sein Ohr ins offene Gehäuse hielt, konnte das Blut rauschen hören, nicht sein eigenes wohlgemerkt, sondern das der Blutzeugen.

Ursprünglich gehörte der Brunnen zum Machabäerkloster im Eigelsteinviertel. Mit den Machabäern hatten sich die hiesigen Benediktinerinnen ganz ungewöhnliche Heilige zu Schutzpatronen erkoren. Die Makkabäer, genauer die sieben machabäischen Brüder und ihre Mutter Salomé waren Juden, die im 2. Jahrhundert v. Chr. lebten. Sie weigerten sich, ihrem – jüdischen – Glauben abzuschwören, wurden dafür getötet und galten darum als Vorläufer Christi. Seit dem 14. Jahrhundert trug zu ihrem Ruf ein Gerücht bei: Ihre Reliquien seien zusammen mit denen der Heiligen Drei Könige nach Köln gekommen.

Nur hier am Eigelstein, nirgendwo sonst in Deutschland wurden sie verehrt. Das Kloster besteht heute nicht mehr, und auch den prächtigen Machabäerschrein nahm St. Andreas in seine Obhut. Seit 2007 zeigen die Fenster über ihm das Martyrium der Machabäer, die Entwürfe stammen von Markus Lüpertz (siehe S. 180).

Übrigens war dieser um 1500 geschaffene Schrein eine Stiftung des erzbischöflichen Kommissars Helias Mertz. Er war zugleich Beichtvater des Klosters, das ihm sehr am Herzen gelegen haben muss. Denn seiner Großzügigkeit verdankt sich auch der geheimnisumwitterte Blutbrunnen.

Allerdings zielte diese Stiftung ins Herz der stiftischen Konkurrenz von St. Ursula. Im Kloster der Benediktinerinnen wollte Beichtvater Merz nämlich Unterlagen gefunden haben, die an Brisanz ihresgleichen suchten.

Die Dokumente bezeugten, dass hier, genau am Ort des Machabäerklosters die hl. Ursula und ihre Schar das Martyrium erlitten hatten. Nur deshalb könne, wer sein Ohr in den Brunnen halte, darin auch das Blut rauschen hören. Überflüssig hinzuzufügen, dass diese Erzählung ihre Wirkung auf die Pilger nicht verfehlte. Heute steht der Blutbrunnen ein wenig verloren im Vorraum von St. Andreas. Dabei ist er ein wirkliches Kuriosum der Reliquienverehrung.

Jüdisches Köln

Das Projekt hat einen Doppelnamen: Archäologische Zone – Jüdisches Museum. Davon ist der eine Teil, die Archäologische Zone, so weit umgesetzt, um über ihr das Jüdische Museum entstehen zu lassen. Doch steht dessen Bau vorläufig in den Sternen, zumindest hat er einen starken Beigeschmack von Ungewissheit. Ganz gewiss aber sind vor dem Rathaus Zeugnisse ergraben worden, die für die Geschichte Kölns und die der Kölner Juden von außerordentlicher Bedeutung sind. Ein Blick auf das jüdische Leben heute schließt das Kapitel ab.

Am Tageslicht – das jüdische Viertel

Die Zeiten bleiben schlecht für die Hochzeitspaare und ihren Anhang. Ihnen wird die Chance dauerhaft verbaut, die vormals trostlose Freifläche vor dem Rathaus mit mehr oder weniger einfallsreichen Glückwunschaktionen zu beleben.

Nüchtern betrachtet ist die standesamtliche Eheschließung ein »formbedürftiger Vertrag«. Der fiel um 1130 auch beim Kauf eines Hauses an, das dem Bürger-, also späteren Rathaus gleich gegenüberlag. Es wird nach Abschluss weniger ausgelassen zugegangen sein. Dafür bekräftigten die beiden Vertragspartner hier keine Kleinigkeit, nicht von der Größenordnung und von den Beteiligten her schon gar nicht.

Vielmehr wechselte die sagenhafte Summe von 36 Mark Silber den Besitzer. Diese 36 Mark entsprachen 8 Kilogramm des Edelmetalls. Das Geld bekam Konrad, oberster Finanzsachwalter des Erzbischofs, vom Juden Salman. Der lässt sich historisch weniger sicher fassen, aber nach dem Kaufpreis zu urteilen muss er ein Krösus gleichen Kalibers wie Konrad gewesen sein.

Noch ungewöhnlicher: Der Handel galt als Geldgeschäft, und Geldgeschäfte mit Juden waren damals den Christen eigentlich verboten. Aber dieses Verbot blieb im Alltag der Handelsstadt Köln häufiger unbeachtet. Selbst die Domherren oder das Stift Mariengraden, also kirchliche Körperschaften, veräußerten Häuser an Juden.

83 Gebäude umfasste das Viertel zu seiner Blütezeit. Es war kein Ghetto, und lange lebten Kölner Christen und Juden recht friedlich zusammen. Doch es kamen andere Zeiten. 1359 wütete der Mob im hiesigen Judenviertel, 1424 wurden sie für fast vier Jahrhunderte aus der Stadt verbannt (siehe S. 83).

Köln, Mikwe im jüdischen Viertel vor dem Rathaus (zurzeit nicht zugänglich).

Das jüdische Viertel, besser das, was von ihm übrig war, lag bis vor kurzem unter der Pflasterung vor dem historischen Rathaus. Unterirdisch zeichnet sich der dicht bebaute, mittelalterliche Wohnbezirk in seltener Vollständigkeit ab. Das gilt vor allem für das Zentrum des Gemeindelebens, zu dem das Hospital, das Back- sowie das Fest- und Tanzhaus gehörten. Das rituelle Bad, die Mikwe, war schon früher restauriert worden.

Auch über die Synagoge konnten die Ausgräber mehr Klarheit gewinnen. Aus den Einzelfunden ließ sich sogar ihre Lesekanzel (Bima), ein Werk der Kölner Dombauhütte um 1280, jedenfalls annähernd rekonstruieren.

Die Nachfolge der Synagoge trat übrigens die Ratskapelle an. Ihr Bau nutzte das alte Mauerwerk, und ihr Marienpatrozinium trug den Zusatz »in Jerusalem« ...

Phasenweise war das Projekt Jüdisches Museum heftig umstritten, und schon sein Fortgang als Vorhaben steckte voller Kölner Geschichten. Doch dann schien das Museum allen Ernstes unter den Horizont seiner Verwirklichung zu geraten. Nur sorgten einmal mehr die knappen Kassen der Stadt für Stillstand. Immerhin kann nun der ausgeguckte Gründungsdirektor endlich die Aktenberge in einem nordrhein-westfälischen Ministerium hinter sich lassen. Sein Kölner Job wird ein wirkliches Abenteuer.

Dabei herrscht an Ausstellungsstücken sicher kein Mangel, die Herausforderung wird sein, sie zum Sprechen zu bringen. Als wichtigster Gesichtspunkt aber muss gelten, dass mit dieser Stätte auch ein Kernbereich Kölner Geschichte für das Stadtbild wiedergewonnen ist.

Jüdisches Leben im Mittelalter

Einige Historiker mahnen zur Vorsicht. Aber ein Dekret Kaiser Konstantins lässt vielleicht doch darauf schließen, dass es in Köln schon 321 n. Chr. eine jüdische Gemeinde gegeben hat. Sicherer Boden ist (spätestens) um 1100 erreicht, im 12. Jahrhundert wächst dann das jüdische Viertel im Schatten des Rathauses. Seine Entwicklung lässt sich dank der Kölner Schreinsbücher gut nachvollziehen. Sie waren eine Art Vorläufer des Grundbuchs, auf Kirchspielbasis wurden hier vor allem Haus- und Grundstücksangelegenheiten festgehalten.

Wegen ihrer Vollständigkeit sind diese Schreinsbücher erstrangige Geschichtsdokumente, und den Anstoß sie zu erstellen gibt um 1130 das Kirchspiel St. Laurenz. Das ist kaum zufällig jener Bezirk, in dem sich das jüdische Viertel etablieren wird. Dort entsteht etwa ein Jahrhundert später das so genannte Judenschreinsbuch. Es wird nicht aus Gründen der Diskriminierung angelegt, sondern um den oft komplizierten Eigentumsverhältnissen in der fest umrissenen Einheit zwischen Obenmarspforten und Unter Goldschmied Rechnung zu tragen.

Um 1340 waren 75 Häuser in jüdischem Besitz, um diese Zeit lebten rund 750 Juden in Köln. Damit hatte die mittelalterliche Gemeinde ihren höchsten Mitgliederstand erreicht.

Der geistliche Oberherr und lange auch der Kölner Rat wussten, was sie an der Gemeinde hatten. 1096 allerdings metzelten Kreuzfahrer Kölner Juden nieder, die der Erzbischof nicht sicher genug in Sicherheit gebracht hatte.

Ab 1300 mehrten sich offenbar die Spannungen wieder. Den tiefsten Einschnitt markiert das so genannte Pestpogrom in der Nacht vom 23. zum 24. August 1349. Das jüdische Viertel wurde niedergebrannt, viele Einwohner getötet. Wie es dazu kommen konnte, wer dabei im Hintergrund die Fäden zog, ist weitgehend ungeklärt. Kurz zuvor hatte der Rat noch vor Ausschreitungen gewarnt. Aber als die Mordbrennerei unter seinen Augen ihren Lauf nahm, stellte er sich ihr nicht entgegen.

Über der weiteren kurzen Geschichte des Viertels und seiner Menschen lag der Schatten dieser Katastrophe, nie wieder sollte jüdisches Leben blühen wie zuvor. Eine neue Gemeinde konnte sich erst 1372 bilden, 1423 erging dann der Ratsbeschluss zur Vertreibung »auf ewige Zeiten«. Wenigstens blieb den Betroffenen ein Jahr Zeit, ihren Weggang vorzubereiten. Auch ihr Vermögen durften sie mitnehmen.

Neuzeit und Holocaust

Unglaubliche 365 Jahre sollte sich nun jüdisches Leben außerhalb der Stadtmauern abspielen. Etliche Juden gingen nach

Frankfurt, wo der Rat den Zuzug begüterter Glaubensbrüder gestattete. Wenige siedelten sich in Deutz an, sie konnten tagsüber ihre Geschäfte in Köln betreiben, mussten dann aber die Stadt verlassen. Auch in der bergischen Freiheit Mülheim existierte eine jüdische Gemeinde.

Erst 1798, die Freie Reichsstadt Köln war Geschichte und die Franzosen führten das Regiment, konnten hier Juden wieder Fuß fassen. Zu den ersten gehörte Salomon Oppenheim (siehe S. 235), der seinen Geschäftssitz von Bonn nach Köln verlegte. Bald darauf gründete sich, 18 Familien stark, eine jüdische Gemeinde. Gegen Ende des 19. Jahrhunderts zählte sie rund 8 000 Mitglieder.

Köln, Synagoge an der Roonstraße.

Der Aufschwung spiegelte sich auch im Synagogenbau wieder. Am Platz der heutigen Oper (Glockengasse) entstand 1861 die

Maurische Synagoge. Ihre Architektur brachte einen Hauch von Orient nach Köln, die Pläne aber stammten vom Dombaumeister Ernst Friedrich Zwirner. 1884 wurde die Synagoge der orthodoxen Gemeinschaft (St.-Apern-Straße) eingeweiht, 1899 dann der große Sakralbau an der Roonstraße. Es gab eine jüdische Volksschule, die seit 1870 von der Stadt verwaltet wurde.

1893 hatten David Wolffsohn (1856–1914) und Max Bodenheimer (1865–1940) den Kölner Verein zur Förderung von Ackerbau und Handwerk in Palästina gegründet, beide gehören zu den Gründervätern der zionistischen Bewegung.

Auch im 20. Jahrhundert steigt die Zahl der Gemeindemitglieder kontinuierlich. Entsprechend lebhaft entwickelt sich das Vereinswesen, noch 1934 listet das *Jahrbuch der*

Synagoge Roonstraße, Blick auf den Tora- schrein und die Bima.

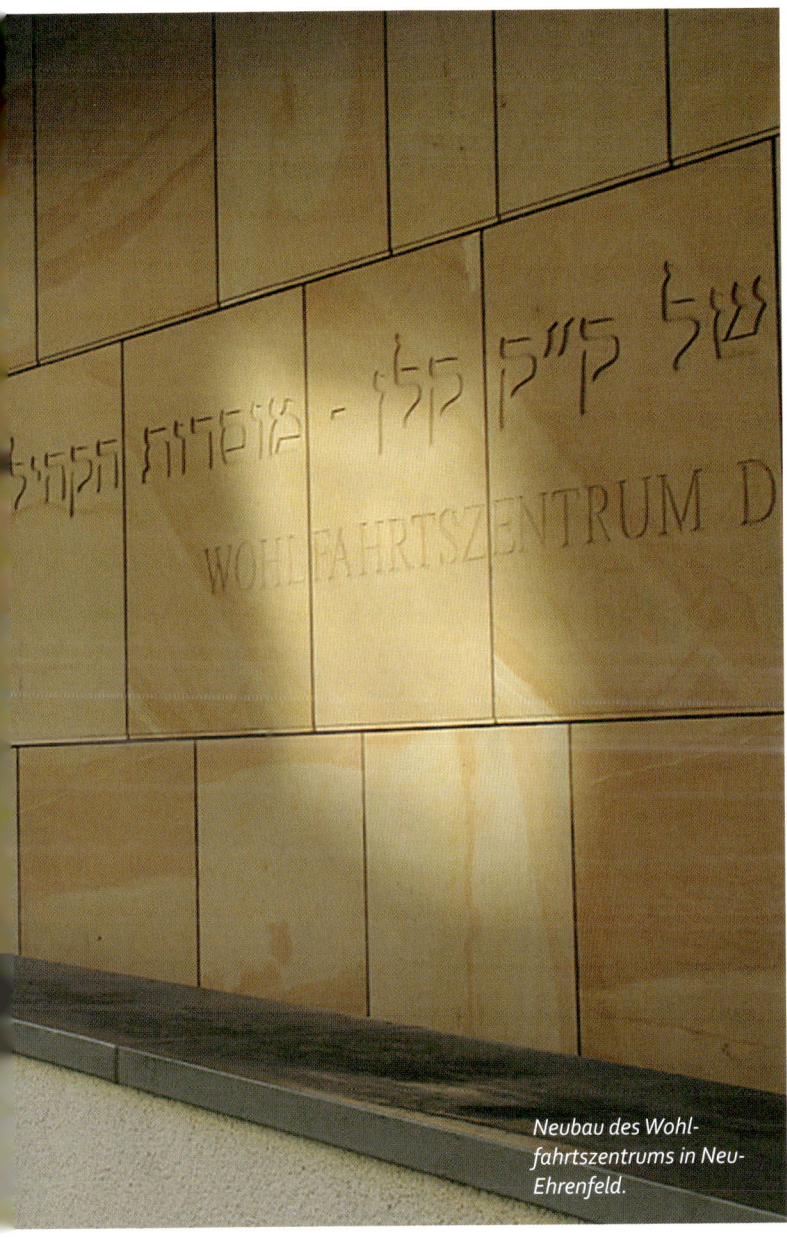

שׁל קה"ל קלן - מרכז הרווחה הכולל

WOHLFAHRTSZENTRUM D

*Neubau des Wohl-
fahrtszentrums in Neu-
Ehrenfeld.*

Synagogen-Gemeinde Köln sechzig Organisationen. Ende März 1933 leben hier 14 816 Juden, das sind etwa 2 % der Einwohnerschaft.

In demselben Jahr, Ende März, werden jüdische Juristen im Gerichtsgebäude am Reichensberger Platz überfallen. Die Ausgrenzung begann sofort nach der Machtergreifung, gezielt wurde die Verelendung der jüdischen Mitbürger betrieben. Die Forschung zum Nationalsozialismus in Köln hat gründlich mit der Legende aufgeräumt, hier seien die braunen Machthaber auf mehr Widerstand gestoßen als andernorts.

Die so genannte Arisierung wurde strikt gehandhabt. Vom 9. auf den 10. November 1938, bis heute ist dafür das Unwort »Reichskristallnacht« gängig, brannten auch die Synagogen in der Glockengasse und an der Roonstraße. Nach dem Pogrom wurde die Entrechtung noch einmal verschärft. Seit Oktober 1941 gingen dann drei Jahre lang die Züge vom Bahnhof Deutz-Tief in die Vernichtungslager, mindestens 7 000 jüdische Kölner waren unter den Holocaust-Toten.

1945 entsteht die jüdische Gemeinde erneut, 1959 bezieht sie ihr Zentrum in der wieder aufgebauten Synagoge an der Roonstraße. Ein Jahr zuvor hatte sich die Kölner Gesellschaft für christlich-jüdische Zusammenarbeit gegründet, ebenfalls 1959 wird die Bibliothek »Germania Judaica« initiiert. Keine staatliche Stelle, sondern Kölner Bürger ermöglichten diese Sammlung zur »Geschichte des deutschsprachigen Judentums ab der Frühen Neuzeit«. Mit rund 90 000 Veröffentlichungen ist sie deutschlandweit die größte ihre Art.

Ab 1990 erfährt die Gemeinde selbst großen Zuwachs. Viele russische Juden kommen nun nach Köln, heute sind 90 % der Kölner Juden Migranten oder solche mit Migrationshintergrund. Im Dezember 2003 kann das neue Wohlfahrtszentrum der Gemeinde eingeweiht werden. Der moderne Komplex im Stadtteil Neu-Ehrenfeld umfasst auch die denkmalgeschützten Teile des »Israelitischen Asyls für Kranke und Altersschwache« von 1908. So vergegenwärtigt hier wenigstens die Architektur das jüdische Leben in Köln vor dem Ersten Weltkrieg.

Immer noch Zentrum

Belebte Altstadt

Die Frage muss erlaubt sein: Was meint eigentlich Altstadt?
Aus Verwaltungssicht hat Köln davon sogar zwei, die Altstadt
Nord und die Altstadt Süd. Die beiden Altstädte reichen vom
Rhein bis zu den Ringen, als inneraltstädtische Grenze gilt die
Schneise Hahnenstraße/Neumarkt/Cäcilienstraße. Wir unter-
teilen weniger amtlich und schauen zuerst nach der Altstadt
mit den Erinnerungsorten und dann nach der für Feierbiester.

Eau de Cologne

> Man kann diesem Wasser nicht gnugsame Lobsprüch beyle-
> gen, [...] man würde nicht zu End gelangen, wenn man alle
> Übel erzehlen wolte, welche die Kraft dieses unvergleichli-
> chen Wassers entweder verhütet oder vertreibet.
>
> Johann Maria Farina: *Würkung und Tugenden des*
> *berühmten L'Eau Admirabile oder Köllnisch Wasser genannt,*
> Paris (um 1750)

Es gab in Köln mehrere Produzenten von »Kölnisch Wasser«,
einer, Emanuel Ciolina Zanoli, war 1823 sogar der erste »Held
Carneval«. Nicht zufällig begann seine berufliche Laufbahn
im Hause Farina: Es steht am Anfang aller Kölnisch-Wasser-
Produktion. Härtester Konkurrent der italienischstämmigen
Farinas sollte im 19. Jahrhundert die Familie Mülhens werden,
deren Marke »4711« weltweit Verbreitung fand. Aber das ist
eine andere Geschichte.

Das ursprüngliche Geschäftshaus steht nicht mehr, wohl
aber ein Nachfolger am gleichen Platz. In jüngster Zeit kam
das Eckgebäude Große Budengasse/Unter Goldschmied auch
wieder in Familienbesitz, gründlich haben die jüngsten Farinas ihre Firmengeschichte aufarbeiten lassen.

Diese reicht zurück bis zum Jahr 1709 und einem Laden für Luxusartikel. Zunächst gingen die Geschäfte schleppend, als aber Johann Maria Farina (1685–1766) die Firma allein führte, besserte sich die Lage. Nun sollte auch der Versand seines Parfüms in Schwung kommen, von dessen Duft nach einem »italienischen Frühlingsmorgen« er schon 1708 geschwärmt hatte.

Die Firma findet immer mehr und immer erlauchtere Kunden. Und nachdem das Wasser lange (s. o.) als

Johann Maria Farina, Schöpfer des Eau de Cologne.

Allheilmittel angepriesen worden war, wird um 1800 der kosmetische Aspekt immer entschiedener hervorgehoben. Die Frage stellt sich, ob diese Entschiedenheit auch den hiesigen Verhältnissen geschuldet war. 1828 wollte der englische Poet Samuel Taylor Coleridge in Köln »77 Gestänke« wahrgenommen haben; kein schwaches Argument, um mit einem Duftwasser dagegenzuhalten.

1742 nannte Farina sein Erzeugnis erstmals »Eau de Cologne« und betonte im gleichen Atemzug, das seine sei das einzig wahre. Aber natürlich regt der Geschäftserfolg zur Nachahmung an, 1865 gibt es in Köln 39 Hersteller von Kölnisch Wasser. Die Farinas führen zahlreiche Prozesse, um die Einzigartigkeit ihrer Marke zu schützen. »Johann Maria Farina gegenüber dem Jülichsplatz« ist das erste geschützte Warenzeichen im Deutschen Reich.

Seit 1999 besitzen die derzeitigen Farinas wieder Anteile am Unternehmen. Sie betonen den luxuriösen Charakter des Parfüms, offenbar mit Erfolg. Und jedenfalls ist das Stammhaus und Duft-Museum ganz nah beim Rathaus eine prominente Adresse für viele Köln-Besucher.

Äußerst geschichtsträchtig –
das Historische Rathaus

Muschelsaal heißt er zwar immer noch und auch Eheverspre-
chen werden hier abgenommen – aber was für ein Trauzim-
mer hätte dieser Raum sein können. Doch nach dem Bombenhagel des Zweiten Weltkriegs war auch sein filigranes
Rokoko nur noch ein Trümmerfeld, und diese sublime Pracht
nachzuschaffen verbot sich wohl von selbst.

Trotz seiner fürchterlichen Zerstörung hat der Kölner Rat-
haus-Hauptbau den Zusatz »Historisch« verdient. Er wäre
schon dadurch gerechtfertigt, dass seine Mauern auf dem römischen Praetorium sozusagen fußen, doch damit erschöpft
sich seine Geschichtsträchtigkeit ja keineswegs.

Ein Sitz des Stadtregiments ist schon um
1150 urkundlich belegt, demnach kann das   *Rathaus Köln, Renais-*
Kölner als ältestes deutsches Rathaus gelten.   *sance-Laube.*

91

Der Kern des heutigen Baus stammt aus der Zeit um 1330, in der Folge wurde dieses Rathaus immer wieder erweitert. Von 1606 bis 1618 kam der »Spanische Bau« hinzu, der allerdings nach dem Zweiten Weltkrieg komplett durch eine moderne Architektur ersetzt werden musste.

Prunkstück im Innern ist der so genannte Hansasaal. Er wurde in den Formen von 1330 immer wieder erneuert, die spitzbogig eingewölbte Holztonne folgt also dem ursprünglichen Erscheinungsbild. Der Vergleich mit einem umgedrehten Schiffsrumpf liegt nah, sonst führt der Name Hansasaal einigermaßen in die Irre. Hartnäckig hält sich das Gerücht, im Kölner Ratssaal habe die Hanse 1347 ihren Krieg gegen den Dänenkönig Waldemar Atterdag beschlossen. Und auch die Versammlungen der Hanse im 15. und 16. Jahrhundert fanden nicht hier, sondern im Minoritenkloster statt.

An der Südwand stehen die »Neun guten Helden«. Sie hielten später in manchem Rathaus Einzug, doch nach Köln kamen sie zuerst. Um 1330 waren diese Symbolfiguren einer gerechten Regierung noch nicht lange etabliert. Erst für Anfang des Jahrhunderts werden sie in der schönen Literatur fassbar, die dreimal drei Leitfiguren

Rathausturm. ▶
»Neun gute Helden«
im Hansasaal des Rathauses. ▼

kommen aus der Antike – der trojanische Held Hektor, Alexander der Große und Julius Caesar –, aus dem (alttestamentarischen) Judentum – Judas Makkabäus, David und der Prophet Josua – und aus dem Christentum – König Artus, Karl der Große und Gottfried von Bouillon. Die überlebensgroßen Gestalten sind von hoher Qualität. Ihre differenzierte Gestik lässt u. a. auf eine eher wenig verbreitete Herrschertugend schließen: auf Nachdenklichkeit.

Außen fallen zwei Bauteile besonders ins Auge: Der Rathausturm und die so genannte Laube. Sie entstand zwischen 1570 und 1573, die Arbeiten leitete Wilhelm Vernucken (um 1540–1609). Den Wettbewerb hatte Cornelis Floris de Vriendt gewonnen, dessen Antwerpener Rathaus (fertig gestellt 1665) rasch Vorbildcharakter erlangt hatte. Der Kalkarer Vernucken veränderte den Entwurf von Cornelis Floris, behielt aber dessen wesentliche Elemente bei. So trägt diese Vorhalle die Züge der niederländischen Renaissance. Ihre einzigartige Architektur diente nicht zuletzt der Machtdemonstration des Rates, das Bildprogramm (Kaiserporträts) und die Säulenordnung beziehen sich deutlich auf die römische Antike und damit auf die Wurzeln der Stadt.

Die entschiedene Abkehr vom Mittelalter erfuhr allerdings 1617/18 schon wieder eine Korrektur. Nun erhielten die Arkaden im Lauben-Obergeschoss Spitzbögen und statt der Flachdecke wurden Gewölbe eingezogen. Solche Rückbesinnung auf die Gotik hatte eine gegenreformatorische Stoßrichtung, die in der Jesuitenkirche (St. Mariä Himmelfahrt) dann deutlich zutage treten sollte.

Der Rathausturm entstand von 1407 bis 1414, und er steht für einen Herrschaftswechsel: Die Kölner Zünfte ließen ihn errichten, seine fünf Geschosse mit insgesamt 61 Metern Höhe künden auch von der Ablösung des Patriziats. Schon früh wurde er mit den Skulpturen verdienter Kölner geschmückt, die über die Jahrhunderte immer wieder einmal ausgetauscht werden mussten.

So rasend schnell wie bei den jüngsten Ersatzmaßnahmen ging es allerdings nie. Acrylharz sollte die Tuffstein-Figuren widerstandsfähiger machen – und bewirkte genau das

Skulptur der Fygen Lutzenkirchen auf dem Kölner Rathausturm. ▸

94

Gegenteil. Seit 2009 sind die Nischen wieder vielfältig besetzt, der lothringische Savonnières-Kalkstein verspricht bessere Haltbarkeit. Die 124 Plastiken würdigen auch manche Persönlichkeit, die von den Geschichtsbüchern vernachlässigt wurde. Beispielsweise die Unternehmerin Fygen Lutzenkirchen, 1515 eine der wohlhabendsten Einwohner(innen) Kölns. Fygen war in der Seidmacherinnen-Zunft organisiert, der fast ausschließlich Frauen angehörten. Übrigens erinnert auch der Straßenname Unter Seidmacherinnen (neuerdings) an die Kölner Frauenzünfte. Im Wirtschaftsleben Westeuropas stellen sie einen fast singulären Fall dar.

Der Gülichplatz – eine Leerstelle

Der Karneval zehrt von seinem Ruf, dem Establishment die Stirn zu bieten. Vielleicht deshalb steht hier seit 1913 der Karnevalsbrunnen mit den vier wohlwollenden Goethe-Versen am Beckenrand. Seinen Namen aber hat der Platz von Nikolaus Gülich (1644–1686), dem Rebellen gegen obrigkeitliche Willkür.

Zur Erinnerung: Köln war »Freie Reichsstadt«, also nur dem Kaiser untertan. Die städtische Führungsschicht fühlte sich genauso von Adel wie irgendein Graf oder Freiherr. Und – Verbundbrief hin, Transfixbrief her – genauso willkürlich übte sie ihre Macht aus, die trotz aller rechtlichen Garantien in den Händen ganz weniger Familien lag.

Überhaupt waren es keine guten Jahre für das Gemeinwesen. Nach 1650 war der ökonomische Niedergang unübersehbar. Die Pestepidemie 1665 bis 1667 verursachte einen drastischen Bevölkerungsrückgang, Steuern und Abgaben drückten die Bürger. Umso übler stieß ihnen die Bereicherung der Wenigen auf, besonders verhasst war das Gremium der Sechsherren, das der Kommune seine Günstlingswirtschaft aufzwang. Gülich konnte demnach auf eine weit verbreitete Empörung setzen, als er gegen Korruption und Willkür Front machte.

Tatsächlich gelang es ihm und seinen Mitstreitern, dem städtischen Establishment zuzusetzen. Drei Bürgermeister wurden angeklagt, zwei vor Gericht gebracht, dem dritten gelang die Flucht nach Wien. Am Kaiserhof machte er Stimmung gegen die Empörer, und die Krone entsandte einen Reichskommissar Richtung Köln. Vorerst aber hielt sich Wien zurück. Das »Türkenjahr« 1683 band die Kräfte.

Unterdessen spitzte sich die Lage in der Freien Reichsstadt zu. Am 1./2. Juni 1683 kam es zum offenen Aufstand. Die Anhänger Gülichs stürmten das Rathaus, in dem sich die Gegner verbarrikadiert hatten. Rasch musste allerdings der Rebell die Zwänge der politischen Großwetterlage anerkennen, die bedrückende Situation der Bürger konnte auch er nicht verbessern. So stellten sich viele gegen ihn, die vor kurzem noch glühende Anhänger seines Regiments gewesen waren. Die alten Herren bekamen mit Unterstützung des Kommissars wieder das Heft in die Hand. Vom Kaiser geächtet, wurde Gülich schon im August 1683 verhaftet und im Februar 1685 exekutiert, eine »wohlverdiente Be-

◣ *Alter Markt, Nr. 24, »Kallendresser«.*

▼ *Fastnachtsbrunnen auf dem Gülichplatz.*

lohnung Bürgerlicher Untreu und Aufruhrs wider die vorgesetzte hohe Obrigkeit«.

Außerdem verfügten die alt-neuen Herren eine Strafmaßnahme von drastischer Symbolik. Sie ließen das Haus des Empörers abreißen und verfügten, dass dieses Grundstück nie mehr bebaut werden dürfe. Eine Schandsäule mit dem längs durchbohrten Haupt war auch eine Drohgebärde gegen künftige Rebellen.

Nachdem die Franzosen 1794 in die Stadt einmarschiert waren, bauten sie dieses Denk-Mal ab, heute ist es im Besitz des Stadtmuseums. Die Kölner Grünen ehren mit ihrem Nikolaus-von-Gülich-Fonds seinen Namen. Der Platz seines Hauses aber blieb leer – bis eben auf den Karnevalsbrunnen.

Alter Markt

Das Haus Alter Markt Nr. 24 ist keine Perle der Baukunst, aber ein Blick nach oben lohnt sich doch. Das schütter bebartete Kerlchen hockt freihändig in luftiger Höhe, mit heruntergezogener Hose und derzufolge blankem Hinterteil. Dem Rathaus gegenüber macht es den Götz von Berlichingen. Ursprünglich hing der »Kallendresser« woanders, aber sein derzeitiger Standort eröffnet einen neuen Deutungsspielraum. Hier hängt er als Denk- und Mahnmal der Politikverdrossenheit.

Kein Geringerer als der Beuys-Lehrer Ewald Mataré (1887– 1965) schuf die Figur, derselbe Künstler also, dem auch das Südportal des Kölner Doms die Bronzetüren verdankt. Sein Kallendresser ist eine Figur von so großer Volkstümlichkeit, dass wenige wissen, worauf der Neckname »Regenrinnenscheißer« anspielt. Nämlich auf die Dachdecker. Erdverbundenere Zeitgenossen unterstellten, dass die Ausübung ihres Handwerks Notlagen mit sich bringen müsste, die eine unkonventionelle Erledigung der Notdurft verlangten.

Der Alter Markt ist das Altstadt-Rückgrat. »Alter« heißt der Platz im Gegensatz zum Neumarkt. Beim Alter Markt (schon 988 als »forum« erwähnt) bewegen sich auch die Historiker auf sicherem Gelände. Oberirdisch prägt seine Westseite der unförmige (neue) Rathausbau. Nebenan wartet die neue U-Bahn-Station darauf, dass ihr provisorischer Bretterverschlag einem urbaneren Entree weicht. Dazu soll das Rote Haus wieder erstehen, dem der Alter Markt in der Vergangenheit einen kräftigen Farbakzent verdankte.

Im Übrigen liegt der Platz gleich unter dem hochwassersicheren Plateau und am westlichen Rand der ehemaligen Rhein-Vorstadt. Er zeichnet etwa den Verlauf des Rhein-Seitenarms nach, der zunächst als Naturhafen diente, aber schon zur Römerzeit verlandete. Im Fall seiner Nebenwege hat der Strom ein langes Gedächtnis, das schnell durchfeuchtete Gelände ist und

◣ *Jan von Werth, Denkmal auf dem Alter Markt.*
◥ *»Heimat kölscher Helden« – Bürgerhaus um 1600.*

bleibt ein unsicherer Baugrund. So legten schon die natürlichen Voraussetzungen nahe, hier eine Freifläche anzulegen.

Natürlich weiß die Stadt, was sie der Prominenz des Alter Markts schuldig ist. Eine größere Ehrung, als hier an Weiberfastnacht den Straßenkarneval zu eröffnen, ist in Köln kaum vorstellbar. Der Platz selbst hat sein Highlight an der Südostecke. Dort steht das Doppelhaus 20/22 (Gaffel-Haus). Es entstand um 1580, seine dreifach geschweiften und mit Voluten besetzten Giebel sind Kennzeichen der Renaissance-Architektur. Vor allem dieser Kopfputz lässt ahnen, wie sich Kölner Bürgerstolz in seinen Bauten manifestierte.

Wenigstens dieses Haus überstand den Bombenhagel des Zweiten Weltkriegs halbwegs. Und eigentümlicherweise blieb der Jan-von-Werth-Brunnen bis auf den Jan selbst verschont. Obenauf steht nun eine Kopie vom Reitergeneral des Dreißigjährigen Krieges, der als historische Person (1591–1652) mit Köln wenig zu tun hat, dafür umso mehr als sagenhafte Figur.

Am Anfang der Geschichte ist Jan Knecht und Verehrer der Magd Griet. Sie weist den armen Schlucker ab, weil sie sich dank ihres properen Äußeren eine bessere Partie erwarten darf. Aber während sie einen Bauern heiratet und nun die ganze Tristesse eines ehelichen Alltags schmecken muss, macht der Verschmähte Karriere. Es kommt zu jener denkwürdigen Begegnung, die heute vor dem Severinstor und ausgerechnet an Weiberfastnacht nachgespielt wird. In allem Zauber der Montur und hoch zu Ross hält der Reitergeneral Einzug. Sein Blick fällt auf eine Apfelverkäuferin, die ihre Ware am Straßenrand feilbietet. Von oben herab und unten herauf entspinnt ein schon wegen seiner Kürze unübertroffener Dialog. »Jriet, wer es hätt jedonn« (»Griet, wer es getan hätte«) – »Jan, wer es hätt jewoss« (»Jan, wer es gewusst hätte«).

Frühere Nacherzählungen der Geschichte hängen ihr gerne eine Moral an, die hier wegen der frauenfeindlichen Tendenz unterbleibt. Aber noch heute fällt das Reiter-Korps Jan von Werth (gegründet 1925) mit dem Musketier-Aplomb seiner Kluft aus dem Uniformrahmen der diversen Funken-Formationen.

Die Altstadt als Markenzeichen

Was amtlicherseits unter Altstadt verstanden wird, bringt jeder Stadtplan nahe. Doch die Gegend, für die sich der Name Altstadt eingebürgert hat, ist enger gefasst. Gewöhnlich lassen sich kleinere Einheiten genauer bestimmen als größere, aber das ist hier nicht der Fall.

Von dieser Altstadt heißt es hilfsweise, sie liege im Schatten von Groß St. Martin. Manch einer, der sich um eine präzisere Grenzziehung bemüht, will den Alter Markt außen vor lassen, aber solcher Rigorismus heißt das Kind mit dem Bad ausschütten.

Altstadt hin oder her, zunächst musste das ziemlich verwahrloste Martinsquartier gründlich saniert werden. Diese Erneuerung fand während der dreißiger Jahre statt, und erst die durchgreifende Strukturmaßnahme gab Gelegenheit, das Potential Altstadt zu entfalten. Im strengen Sinn alt ist hier kaum etwas, vielleicht mit Ausnahme des einen oder anderen Kellers. Selbst ein so ehrwürdiges Gemäuer wie das Haus Im Walfisch (heute »Brauhaus Sünner im Walfisch«) steht nicht mehr an seinem angestamm-

Altstadt, Rheinfront.

ten Platz. Immerhin wurde es Stein für Stein an der Salzgasse wieder aufgebaut, nur die Jahreszahl der Maueranker hätte statt 1626 korrekt 1629 heißen müssen.

Auch anderswo ist Altstadt mehr eine Marke als die Ortsbestimmung, heimeliges Ambiente und schnuckelige Fassaden sind auch dort ein bewährtes Konzept. Es gehört nicht zur Bestimmung der Altstadt, alt zu sein, wohl aber, ein entsprechendes »Flair« zu haben. Altstadt ist ein Versprechen. Seltsamerweise zieht hier an, was sonst eher abschreckt: Alter. In seiner Kulissenseligkeit passt das Quartier zu Köln als Ganzem. Stadt und Altstadt: beide ein Gefühl.

Aber diese Altstadt ist nur einerseits Nostalgie. Andererseits ist sie Vergnügungsviertel. Übrigens eins ohne zwielichtigen Charakter, obwohl, obwohl: Eigentlich könnte sie ja den Anspruch erheben, ein, ach was, *das* historische Hafenviertel der Stadt zu sein. Müßige Überlegung, denn hier sind auch ohne Rotlichtmilieu die Kneipen und Gassen gesteckt voll. Kein Fleck bleibt unausgeleuchtet, auch insofern geht diese Altstadt auf Nummer sicher. Kaum vorstellbar, dass in ihrem Fall jemand auf die Idee kommt, sie mit – den sowieso fragwürdigen – »Geheimtipps« zu pflastern.

Die massierte Gastlichkeit des Viertels hat natürlich einen hochprozentigen Brauhausanteil. Doch die »kölsche Foderkaat« (Speisekarte) koexistiert hier zwanglos mit Menü-Angeboten aus aller Herren Länder. Zwischen Altstadt und Promenade erstreckt sich das grüne Band des Rheingartens, wohin der Verzehrzwang nur ausnahmsweise reicht. Eine ambitionierte Gemeinschaftsarbeit ist der Brunnen (entstanden 1984–1986), den der Bildhauer (Sir) Eduardo Paolozzi, der Landschaftsplaner Georg Penker und der Architekt Erich Schneider-Wessling geschaffen haben. Ihre weitläufige Wasserkunst stellt eine Flusslandschaft nach. Sie wird von Kindern besonders gern erkundet, und ihre einzelnen Bronzeskulpturen sind für Erwachsene eine willkommene Sitzgelegenheit.

Vor allem aber liegt die Altstadt wirklich am Rhein und nicht an seiner Uferstraße, die den Verkehr zwischen Deutzer und Hohenzollernbrücke unterirdisch bewältigt. Diese oberirdische Öffnung zum Strom hin ist wirklich ein Gewinn.

Groß St. Martin, davor Stapelhäuschen am Fischmarkt.

Am weitesten zum Strom hin öffnet sich der Fischmarkt. Über ihm wacht der grandiose Vierungsturm von Groß St. Martin, der achteckige Treppenturm am Stapelhaus gibt Flankenschutz. Ein moderner »Brunnen der Fischweiber« setzt den Akzent. Er ist mehr als eine folkloristische Fußnote. Die vier Frauen erinnern daran, dass nicht nur der Kleinhandel an den Marktständen, sondern auch der Fernhandel mit »Fisch« von Kölnerinnen betrieben wurde.

Die Altstadt spielt vor dem Rhein und der Rhein-Promenade. Und je schöner das Wetter, desto näher rückt die Altstadt an den Rhein heran, jedenfalls, soweit es ihr Publikum betrifft. Sie mag nicht jedermanns Sache sein. Wer als Architekturkritiker auf der Höhe seiner Zeit ist, wird gar nicht anders können, als sich über die bauliche Maskerade abfällig zu äußern. Trubel und Nostalgie sind hier kein Widerspruch. Der Kommerz regiert, die Rechnung geht auf.

Nur warum hat die Altstadt so viel Anziehungskraft? Vielleicht weil all das Handtuchschmale und Spitzgegiebelte, also Altertümliche, eine Brücke schlägt? Womöglich sogar zur eigenen Jugend, die eben auch zur Vergangenheit zählt (»Man müsste noch mal zwanzig sein«)? Vielleicht auch nur, weil die Altstadt einen Zusammenhang verkörpert. Einen, der im übrigen Stadtbild verloren ging, wo nur noch einzelne Bauten keine Atmosphäre mehr bilden. So schmuck sie sein mögen.

Der eine oder andere Altstadtbummler wird schon daran denken, dass er sich auf einer ehemaligen Rheininsel amüsiert. In gewissem Sinn ist dieses Stück Köln immer noch eine Insel, eine im Meer der Großstadt.

Daran führt kein Weg vorbei

Kölns romanische Kirchen

Auferstanden aus Ruinen: Zwölf große romanische Kirchen hat Köln, ein Ensemble auf dem Weg zum Weltkulturerbe. Die enorme Vielfalt ihrer Baukunst zieht alle Register der Epoche, innerhalb eines einzigen Stadtraums sucht sie ihresgleichen. Diese Kirchen sind nicht nur älter als der Dom, manche haben auch römische Wurzeln.

Ganz sicher könnten Kölns Stadtplaner höheren Beistand gebrauchen. Folgerichtig begeistern sich manche für ein Vorhaben namens »Via sacra«. Das klingt nach einer althergebrachten Route, die nur wieder belebt werden müsse. Aber nichts da, diese heilige Straße wäre etwas ganz Neues. Sie soll die prominenten Kölner Altstadtkirchen miteinander verbinden – und darüber hinaus bewirken, dass entlang ihrer Trasse mancher Schandfleck im Stadtbild verschwindet. Ob das gelingen wird, steht in den Sternen. Doch dass Kölns romanische Kirchen ein Ensemble bilden, das seinesgleichen sucht, daran ist kein Zweifel erlaubt.

Einzigartig – die Holztür von St. Maria im Kapitol

Es gibt wenig romanische Bronzetüren, aber immerhin, es gibt sie. Diese um 1050 entstandene Tür ist aus Holz, also aus einem sehr viel vergänglicheren Material. Dass sie mit ihren beiden Flügeln überhaupt erhalten, dass sie mit ihren Bildertafeln derart vollständig erhalten blieb, kommt fast einem Wunder gleich, jedenfalls widerspricht es aller Wahrscheinlichkeit. Diese romanische Holztür von Maria im Kapitol ist denn auch die einzige diesseits der Alpen.

Je drei Eichenbohlen dienen als Unterlage, ihnen liegt das Schnitzwerk aus Nussbaum auf. Perlstabschnüre und virtuos verschlungene Akanthusblätter bilden die großen Rahmen, kleinere Perlstabschnüre ziehen sich um die insgesamt 26 Bildtafeln. Einem Querformat folgen von oben nach unten vier Hochformate, ihr großes Thema ist das Leben Christi.

Dabei wird die Lebenszeit-Chronologie nur im Prinzip, also nicht immer streng eingehalten. Doch es gibt zwischen linkem und rechtem Flügel eine klare thematische Trennung.

Die linke Seite ist der Vorgeschichte, Geburt und Kindheit gewidmet, eine besondere Rolle der Kirchenpatronin Maria wird gebührend he-

St. Maria im Kapitol, Holztür (Ausschnitt).

rausgestellt. Rechts liegt der Akzent auf Passion und Auferstehung, das Wirken Christi ist mit zwei Wunderheilungen nur
kurz abgehandelt.

Die Reliefs haben ihre ganz eigene Beredtheit. Sie sind
– für diese Zeit ungewöhnlich – von großer Lebendigkeit, dazu
trägt nicht zuletzt die expressive Gestik der Figuren bei. Dass
einige Details wie Köpfe sogar vollplastisch herausgearbeitet
sind, unterstützt diesen Eindruck noch. Hier war ein Künstler
mit großer Erzählfreude am Werk, der die Heilsgeschichte
auch den schlichten Gläubigen nahebringen wollte. Ursprünglich saß die Tür ja im nördlichen Halbrund des berühmten
Kleeblattchors und war damit der zur Stadt gewandte Eingang. Übrigens konnten gelehrtere Zeitgenossen die Tür auch
lesen: Als sie 1936 restauriert wurde, traten – eine weitere
glückliche Fügung – die originalen Bildunterschriften zutage.

Die erhaltenen Spuren lassen ahnen, wie sehr die Farben
hier zur Wirkung beigetragen haben. Heute fehlt die Bema-
lung, aber die Anschaulichkeit der Bildszenen macht diesen
Verlust ohne Weiteres wett.

Die zwei ältesten: St. Pantaleon und St. Maria im Kapitol

St. Pantaleon liegt ein wenig abseits der meistbegange-
nen Wege, dafür aber in einer recht weitläufigen Grünanlage.
Die ehemalige Benediktinerkirche repräsentiert mit ihrem
imposanten Westbau noch die ottonische Baukunst, erst die
1150/60 angefügten Seitenschiffe sind romanisch.

Im Westen aber verkörpert sie imperialen Anspruch. Stifter von Kirche und Kloster war Erzbischof Bruno, ein Bruder
Kaiser Ottos des Großen. Außerdem genoss das Kloster die
besondere Fürsorge der Kaiserin Theophanu, die hier auch
bestattet ist. Die Gattin Ottos II. war eine Prinzessin aus dem
Geschlecht der oströmischen Kaiser und konnte im Kirchen-
patron einen Heiligen aus der Heimat ehren.

Schon unter St. Pantaleon wurden Reste einer spätantiken
Villa gefunden, eine noch prägnantere römerzeitliche Vergan-

genheit hat **St. Maria im Kapitol**. Sie ist die Nachfolgerin des Kapitolstempels, der stets den drei römischen Hauptgottheiten Juno, Jupiter und Minerva geweiht war. Als Sakralbau der Salierzeit wird die Kirche nur vom Speyerer Dom an Bedeutung übertroffen. Ihr monumentaler Kleeblattchor gleicht dem Ostabschluss der Geburtskirche zu Bethlehem, schon darin zeigt sich, wie hoch die Auftrag gebenden Stiftsdamen hinaus wollten.

Für den außerordentlichen Raumeindruck des Kleeblattchors sorgt, dass hier die Langhaus-Seitenschiffe als Umgang fortgeführt werden. Allerdings sollte diese brillante Architekturidee nie wieder aufgegriffen werden. Die Kleeblattform aber hat im Kölner Kirchenbau Schule gemacht.

Blütezeit

Um 1150 erreicht Kölns romanische Kirchenbaukunst die Höhe der Entwicklung. Ein volles Jahrhundert sollte diese Blütezeit währen und in etwa mit der Dauer des staufischen Königtums zusammenfallen. Hier wurden die Möglichkeiten des Baustils durch immer neue Erfindungen ausgeschöpft, und sicher erklärt sich auch aus dieser Virtuosität, dass die Kölner Bauherren und -herrinnen so zäh an der Romanik festhielten.

Besonders bei den Kirchen in Ufernähe ging es um die Ostpartie, und der Kleeblattchor von **Groß St. Martin** trug gewiss seinen Teil zum Rheinpanorama bei. Und dann erhebt sich über ihm noch der prächtige Vierungsturm. Auf den mittelalterlichen Tafelgemälden ist er der Blickfang, Architekturhistoriker haben ihn als den schönsten seiner Epoche gefeiert.

Aus Sicht der historischen Stadtentwicklung liegt **St. Aposteln** tief im Westen. Doch die Kirche hat eine noch ausdifferenziertere, noch feiner gegliederte Ostpartie als Groß St. Martin. Das Sockelgeschoss allerdings ist schlichter gehalten. Nur: Zur Bauzeit stand vor ihm die römische Stadtmauer, so dass der Fassadenschmuck hier überhaupt nicht zur Geltung gekommen wäre. Ein kühnes Arrangement ist die Trias aus

St. Pantaleon, Blick auf Lettner und Orgelprospekt.

St. Gereon, Chor und Flankentürme.

St. Gereon, Blick in das Dekagon.

den beiden Chorflankentürmen und dem Vierungsturm. Die beiden schlanken Türme an den Seiten wirken so dynamisch, als hätten sie das Dach durchstoßen. Der achteckige Vierungsturm im Hintergrund wirkt als Ruhepol. Und seine Laterne strahlt einen Hauch von Orient aus.

Gegen so viel baukünstlerischen Aufwand fiel der Westabschluss von St. Aposteln zunächst ab. Doch um 1230 erhielt er eine Halle, die sich wie ein Querriegel vor die gesamte Breite des Langhauses legte. Sie erhielt außerdem einen Mittelturm, damit war auch die stadtauswärts gerichtete Front der Kirche deutlich aufgewertet. Solche Querhallen sind typisch für den Kirchenbau der späteren Romanik. Die Stiftskirche **St. Georg**, um 1070 vom Stiftsgründer Anno II. geweiht, bekam ein Jahrhundert später ebenfalls eine Querhalle.

Eine Brücke zur Gotik

St. Gereon hat die weite Zeitspanne seiner Baugeschichte am augenfälligsten bewahrt. Der Grundriss hält noch das Oval des spätantiken Zentralbaus gegenwärtig, der – schon damals reich ausgestattet – auch architektonisch ein großer Wurf war. Das aufgehende Mauerwerk des einzigartigen Zehnecks trägt dafür deutlich gotische Züge. Dieses Dekagon ummantelt den römischen Bau und entsteht 1220 bis 1227, also gut zwanzig Jahre vor der Grundsteinlegung des Doms. Heutiges Langhaus und die Krypta datieren in das Jahrzehnt um 1070. Der damals verlängerte Chor bekam rund neunzig Jahre später ein noch auffälligeres Erscheinungsbild, zu dem die hohen Chorflankentürme den markantesten Beitrag liefern.

Im Kranz der romanischen Kirchen haben die rheinnächsten einen besonders privilegierten, allerdings auch besonders hochwassergefährdeten Platz. Im Süden ist das **St. Maria Lyskirchen**, an ihrem Westportal finden sich denn auch die Marken diverser Flutkatastrophen. Sie ist die kleinste unter den großen erhaltenen Kirchenbauten der Epoche (entstanden etwa 1220) und zugleich die einzige ursprüngliche Pfarrkirche im erlauchten Kreis. Die reiche Gemeinde hätte ihr Gotteshaus gern mit einem Turmduo geschmückt, das Vorhaben scheiterte am Einspruch der Stiftsherren von St. Georg. Sie hielten dafür, dass eine solche Doppelspitze nur ihrer bevorrechtigten Gemeinschaft und keineswegs den gemeinen Gläubigen zukäme. Die große Attraktion von St. Maria Lyskirchen ist ihre um 1250 entstandene Ausmalung. Sie zählt zu den wenigen, die aus dieser Zeit und in dieser Vollständigkeit erhalten sind.

St. Aposteln, Chorpartie.

Ihr nördliches Pendant ist **St. Kunibert**, deren spektakuläre Chorpartie die Rheinansicht ebenfalls bereicherte. Mit dem Bau dieses Chors wurde um 1200 begonnen, geweiht wurde St. Kunibert erst 1247, also nur ein Jahr vor der Grundsteinlegung des Doms. Die Kirche variiert das Thema Wasser auf anmutigste Weise: Im »Kunibertspütz« unter ihrem Chor warten der Sage nach die Kinder, um das Licht der Welt zu erblicken. In Köln bringt also nicht der Storch den Nachwuchs und das womöglich vom Dach der Welt, nein, in Köln kommt der Nachwuchs aus dem Brunnenschacht – also aus dem Untergrund.

Weit in die Gotik hinein reicht die Baugeschichte von **St. Severin**. Auch ihre Vorgänger lassen sich bis in die Römerzeit zurückverfolgen, wenn auch nicht so bestimmt wie bei St. Gereon. Dafür gehört eine Erkundung des spätantiken Gräberfelds unter der Kirche zu den spannendsten Exkursionen, die Köln zu bieten hat. Die Hallenkrypta, ältester Bauteil der heutigen Kirche, stammt aus den Jahren 1030 bis 1043. Der ursprünglich spätstaufische Langchor wird bis ins 16. Jahrhundert hinein immer wieder verändert.

Eine gotische Chorpartie erhielt ab 1414 auch die domnahe Dominikanerkirche **St. Andreas**. So gotisch sich ihre langgestreckte Chorpartie und der südliche Querhausarm geben, so deutlich macht sich am Westbau die Romanik geltend. Ebenfalls romanisch ist auch der Vierungsturm, der hier einen ausgesprochen kräftigen Akzent setzt. Schließlich muss er die sonstige Turmlosigkeit der Kirche wettmachen.

Der gotische Chor von **St. Ursula** entstand ab 1287. Um 1130 hatte sie als erster Sakralbau am Niederrhein Emporen erhalten, die sich ursprünglich bis ins Querhaus zogen. Die Galerie hat bei den Pfarrkirchen der Region Schule gemacht. Über dem zurückhaltend gegliederten Westbau ragt ein gewaltiger Turm aus dem ersten Drittel des 13. Jahrhunderts auf. Aber seine Bekrönung von 1680 dementiert den Unterbau der Kirche, sie trägt – weithin sichtbar – barocke Züge. Damit verweist sie auf den merkwürdigsten Kapellenraum Kölns, die »Goldene Kammer«. An deren Wänden reihen sich die Nischen mit den Reliquienbüsten, damit nicht genug, haben die Schildbögen eine tapetendichte Verkleidung aus heiligem

Gebein. Und die Knochen sind nicht einfach aneinanderge-
reiht, sondern zu einem wirklichen Dekor komponiert. Eine
imposantere und zugleich befremdlichere Ehrung Ursulas
und ihrem jedenfalls zahlreichen Gefolge lässt sich kaum denken (siehe S. 75).

Den Schlusspunkt der zwölf großen romani- *St. Ursula, Goldene*
schen Kirchen soll hier **St. Cäcilia** setzen, die als *Kammer.*

Museum Schnütgen Kölns christliche Kunst vorwiegend des Mittelalters versammelt. Ihr turmloser, schlichter Bau der Jahre 1130/60 fußt auf älteren Mauerzügen. Ganz weit in die Gegenwart reicht das Graffito Harald Naegelis auf dem vermauerten Westeingang der Kirche. Noch 1989 hat der Künstler die Totentanzfigur erneuert.

Die kleinste der kleinen – Westhovens Nikolauskapelle

Außerhalb des historischen Zentrums, aber doch im Stadtgebiet gibt es einige kleine Kirchen aus der Romanik. Auf manchen ruht das Auge des Kunsthistorikers wohlgefällig, beispielsweise auf St. Amandus im Stadtteil Rheinkassel oder auf dem Krieler Dömchen in Lindenthal.

An der Nikolauskapelle des Kölner und vor 1975 Porzer Stadtteils Westhoven gibt es fast gar nichts, an dem der zünftige Experte seine Stilsicherheit beweisen kann. Der schmucklose Saalbau mit eingezogenem Chor, Dachreiter und Fachwerkgiebel weist auch im Inneren keine Details auf, an denen sich seine Epochenzugehörigkeit festmachen lässt.

Die Urkunden müssen helfen, wenigstens in Bezug auf Westhoven. Allerdings ist das erste Schriftstück von 922 mit der namentlichen Erwähnung Westhovens eine Fälschung. Doch 1003 erhält die Abtei Deutz von hier den Zehnten, 1041 den Hof, beide aus der Hand des jeweiligen Erzbischofs.

Um 1100 wird die Kapelle entstanden sein, nun mussten die Deutzer Hintersassen nicht jedes Mal den langen Weg zur Abteikirche antreten. Das Nikolaus-Patrozinium passt zur Rheinnähe, jedenfalls ist Nikolaus auch Schutzheiliger der Schiffer. Und die alten Grabsteine halten gegenwärtig, dass um die Kapelle auch ein Kirchhof gelegen hat.

Weltkulturerbe und Publikumsmagnet

Der Dom

Heinrich Heine nannte ihn den »kolossalen Gesellen«. Aber der gebürtige Düsseldorfer war ja auch alles andere als ein Domfreund. Dagegen sehen die Umfragen zu den Sehenswürdigkeiten der Republik den Dom regelmäßig auf einem der vordersten Plätze. Eine Erfolgsgeschichte, bei der einmal mehr heiliges Gebein den Anfang macht.

Drei Könige und ihr Schrein

Um den Schrein der Heiligen Drei Könige kommt niemand herum. Das Reliquiar war die Keimzelle des Unternehmens Dombau, seine kirchenähnliche Architektur weist auf die Kathedrale als den großen Schrein voraus.

Nur gerät bei der Pracht des Gehäuses leicht aus dem Blick, dass es um den Inhalt geht. Also um die Gebeine, die den biblischen Weisen aus dem Morgenland zugeschrieben werden. Im Laufe der Überlieferung waren sie zu Königen geworden und damit nicht nur zu den ersten Heiden, sondern auch zu den ersten welt-

Dreikönigenschrein, Längsseite.

lichen Herrschern, die Christus als höchstem Souverän hul-
digten.

1164 hatte Rainald von Dassel, Kanzler Kaiser Friedrichs
(Barbarossa) und Kölner Erzbischof, die Reliquien aus Mailand
unter mancherlei Gefahren nach Köln gebracht. Der versierte
Stratege Rainald erkannte das politische Potential der Gebei-
ne. Ganz sicher profitierten die Kölner, denn die Heiligen Drei
Könige leiteten große Pilgerströme in ihre Stadt.

1181 erging dann der Auftrag, die Heiligen würdig unterzu-
bringen. Dafür konnte nur Nikolaus von Verdun, der berühmteste Goldschmied seiner Zeit, in Frage kommen. Zwar starb
Nikolaus um 1210, aber seine Werkstatt führte die Arbeiten
weiter. 1225, nach 44 Jahren, war der Schrein fertig gestellt.
Die Rückseite haben vermutlich Aachener Goldschmiede geschaffen.

Übrigens fanden Auftraggeber und Künstler offenbar nichts
dabei, dem Schrein heidnisch-antike Kameen einzufügen, eine
davon zeigt, wie Agrippina ihren berüchtigten Sohn Nero mit
einem Siegeskranz auszeichnet. Das mag als unmittelbarer Bezug auf die römischen Wurzeln der Stadt verstanden werden.

Die größte Aussagekraft im Bildprogramm des Reliquiars
hat seine Stirnseite. Die untere Bildreihe beherrscht die Gottesmutter mit Kind. In Erwartung der drei Könige thront sie
im Zentrum unter einem Rundbogen, während die gekrönten
Häupter sich von links nähern, um dem Knaben zu huldigen.
Als vierter Herrscher gesellt sich am äußeren Rand der zeitgenössische Kaiser Otto (IV.) zu den Dreien. Der nach der
Schlacht von Bouvines 1214 faktisch entmachtete, auch vorher keineswegs unumstrittene Herrscher trug mit seinen
Stiftungen zum Entstehen des Schreins bei. So bleibt er wenigstens als Mäzen in Erinnerung.

Wie das Herannahen der Könige findet auch die Taufe
Christi unter einem Kleeblattbogen statt. Wenn die drei Köni-
ge für das Heiden- und die Taufe durch Johannes im Jordan für
das Judentum stehen, dann vergegenwärtigt die Majestas
Domini oben im Giebel die allumfassende Herrschaft des
Christentums.

Die außergewöhnliche Meisterschaft mutmaßlich des Nikolaus selbst zeigt sich in den Prophetenfiguren der südlichen

Langseite. Sie haben in ihrer Lebendigkeit schon Porträtcharakter, jedenfalls lassen sie die herkömmliche typisierende Darstellung weit hinter sich.

Ein wenig Wasser in den Wein des großen Kunstwerks gießt die Feststellung, dass im Laufe der Zeit etliches verschwand, vieles ergänzt und einiges nur aufs Geratewohl restauriert wurde. Die herbste Einbuße traf den Schrein nach seinem Exil wäh-

Dreikönigenschrein, Stirnseite.

rend der Franzosenzeit. Danach wurde seinen Längsseiten die letzte Arkade verkürzt. Hier waren die erlittenen Schäden so groß, dass sich nichts mehr bessern ließ.Heute steht das prächtige Gehäuse erhöht im Binnenchor. Sein Gold leuchtet dem Besucher schon entgegen, wenn sich die Türen des Westportals hinter ihm geschlossen haben. Auf der offiziellen Dom-Website des (Kölner) Metropolitankapitels ballen sich die Superlative. Dort ist dieser Schrein »das größte, künstlerisch bedeutendste und inhaltlich anspruchsvollste Reliquiar des Mittelalters«.

Baugeschichte

Konrad von Hochstaden (Kölner Erzbischof 1238–1261) war ein umtriebiger Kirchenfürst. Als Exkommunizierter gelangte er in das hohe Amt und zeichnete sich später durch seine heftige Opposition gegen die Staufer aus; nicht weniger als drei Gegenkönige inthronisierte er. So versteht sich fast von selbst, dass er mit seiner stauferfreundlichen Stadt Köln keineswegs in Frieden lebte. Aber als Machtpolitiker wusste er die Klaviatur des »teile und herrsche« virtuos zu bedienen, und konnte als letzter seines Amtes in Köln wirklichen Einfluss nehmen.

Und ja auch das, er legte 1248 den Grundstein zum Kölner Dom. Womöglich liegt es einfach am Zug der Zeit, dass unter Konrads Ägide mit der romanischen Tradition im Kölner Kirchenbau gebrochen wurde. In Köln hatten sie besonders zäh an der Romanik festgehalten. So gesehen war der Stilwechsel überfällig. Ohnehin war ein Neubau im Sinn der Bürgerschaft wie des Domkapitels (wenn auch nicht unbedingt dessen Schatzmeisters).

Manche wollen der Entscheidung für die Gotik eine politische Aussage unterlegen. Konrad habe damit seiner Politik gegen die Staufer und das Reich auch baulich Ausdruck verleihen wollen. Das ist ein interessanter Gedanke, doch gibt es keine Anhaltspunkte dafür, dass ihm diese Art Bekundung überhaupt in den Sinn gekommen wäre.

Es ist zu wenig gesagt, dass der Kölner Dom in der Tradition der französischen Kathedralgotik stehe. Ob es zu viel gesagt ist, dass er ihre Vollendung, wenn nicht sogar Krönung sei, soll dahingestellt bleiben. Am nächsten steht ihm die Bischofskirche im picardischen Amiens. Ihr gegenüber zeugt schon der Chor-Grundriss des Doms von der größeren Reife seiner Architektur. Bei diesem Herzstück jeder Kathedrale umschreibt der Schluss einen gedachten Halbkreis. In diesen fügen sich – anders als in Amiens – die sieben Kapellen als (gedachte) sieben Seiten eines regelmäßigen Zwölfecks. So stehen die Endglieder des Kapellenkranzes auch nicht schräg zum Chorumgang, sondern schließen gerade an. Sicher, das ist ein Detail, aber diese Einzelheit repräsentiert das Regelmaß, dem Kölns Kathedrale die große Klarheit ihres Raumbilds verdankt.

Der Plan geht wohl auf den ersten Dombau-Meister Gerhard zurück, über dessen Leben es viele Mutmaßungen, aber keine gesicherten Erkenntnisse gibt. Kurz nach 1270 soll er gestorben sein, weit vor der Fertigstellung seines Chors. 1322 wurde er geweiht und bis dahin gingen die Arbeiten immer noch recht zügig voran, dann verlangsamte sich das Tempo deutlich. Wahrscheinlich, um ein Widerlager für das gewaltig dimensionierte Langhaus zu haben, wurde zunächst die Errichtung des Südturms angegangen. Sein Petersportal ist das einzig authentisch gotische, der Figurenschmuck hier entstand um 1375.

Inzwischen war die Langhaus-Südseite fundamentiert, später wurden auch das ausladen-

Kölner Dom vor der Fertigstellung, Stahlstich um 1830.

de Querhaus und die Langhaus-Nordseite in Angriff genommen. Um 1500 folgte die Grundsteinlegung des Nordturms, das späte Datum steht für den äußerst schleppenden Verlauf der Arbeiten. Um 1530 ruhen sie ganz, nach dem Zeugnis eines Domherrn »wegen verfluchter Ketzerei«.

Strebewerk und Fenster

Die Baumeister der Kathedralgotik wollten nicht nur hoch hinaus, in buchstäblich schwindelerregende Höhen, sondern ihren Kirchen auch die Erdenschwere nehmen. Das bedeutete beim Kölner Dom eine statische Herausforderung, die nur mittels solider Strebewerke zu bewältigen war. Dieser äußere Stützapparat, so graziös er mit Krabben, Fialen und Wimpergen umspielt werden mochte, kann seine prosaische Funktion doch nicht verbergen. Später ging Ernst Friedrich Zwirner (siehe S. 134) mit seinem Vorgesetzten Friedrich Schinkel einig, das ungefüge Verspannungssystem durch eine elegantere Lösung, nämlich Zuganker, zu ersetzen, aber dagegen liefen die Traditionalisten Sturm.

Zur Bauzeit des Chors musste das Strebewerk der Höhe dieser Kirche ebenso Rechnung tragen wie dem Verschwinden der Wand. Die gotische Architektur tendiert zur Skelettbauweise, und Fenster sollten die gemauerten Flächen so weit wie nur eben möglich ersetzen. Schließlich machte erst das farbige Glas die Kirche zu einer Lichtgestalt (siehe S. 180).

Nach den Verheerungen des Zweiten Weltkriegs grenzt es an ein Wunder, dass die Fenster des Doms die Zeit der Bombennächte so gut überstanden haben. Das gilt nicht nur für die gotische Glasmalerei, aber für sie vor allem.

Das älteste Fenster hat auch den prominentesten Platz. Im Zentrum der Achskapelle wurde es um 1250 eingesetzt und steht stilistisch erst an der Schwelle zur Gotik. Seine beiden Bahnen zeigen u. a. die Anbetung der Heiligen Drei Könige, die in der linken Bahn vor König Herodes erscheinen. Besonders eindrucksvoll, obwohl nur mit dem Fernglas zu würdigen, ist der Zyklus im Chor-Oberga-

Dom, gotisches Glasfenster, Marienkrönungsfenster (um 1330). ▶

den mit seinen alten und jungen Königen. Er entstand im 13. oder 14. Jahrhundert.

Der Buchtitel *Das ist Köln* verpflichtet, das Geburt-Christi-Fenster im nördlichen Seitenschiff eigens zu erwähnen. 1507 vom Rat der Stadt Köln gestiftet, präsentiert es ganz unten mit Agrippa und Marsilius zwei zentrale Figuren aus Geschichte und Sage, die das Kölner Wappen in doppelter Ausfertigung flankieren. Das Spruchband für den historischen Feldherrn Agrippa ehrt diesen als Stadtgründer, das andere den niemals existenten Marsilius als Stadtretter. Im Fall von Agrippa ist die Zuschreibung historisch nicht ganz korrekt, aber immer noch korrekter, als Agrippina die Stadtgründung zuzusprechen (siehe S. 56). Marsilius, »ein Heide so stolz«, soll Köln im ersten nachchristlichen Jahrhundert vor der Einnahme durch feindliche Truppen bewahrt haben.

Aller Erzählfreude, aller Bildlich-, Abbildlich- und Ebenbildlichkeit verweigert sich das jüngste Domfenster (2007) im südlichen Querhaus. Die Schöpfung Gerhard Richters hat denn auch heftiges Für und Wider herausgefordert (siehe S. 180 f.).

Domschätze

Natürlich gibt es eine Domschatzkammer mit erlesenen Kostbarkeiten. Aber die wegweisenden Meisterwerke finden sich doch im Dom selbst. Es gehört viel Robustheit (Kunsthistoriker würden vielleicht sagen Gewissenlosigkeit) dazu, hier eine Auswahl zu treffen. Aber neben dem Dreikönigenschrein ragen zwei Werke hervor, die sich kein Dombesucher entgehen lassen sollte.

Auch vom Alter her reicht keines an das **Gero-Kreuz** heran. Ende des 10. Jahrhunderts schuf ein namenloser Bildschnitzer die überlebensgroße Christus-Figur aus einem mächtigen Eichenstamm. Und nicht nur der Gekreuzigte, sondern auch das Kreuz selbst blieb original erhalten. Auftraggeber war Erzbischof Gero (gest. 976), ein Vertrauter des ottonischen Kaiserhauses – und nicht zu verwechseln mit dem Stadtpatron Gereon.

Das Kreuz gilt als erste nachantike Monumentalplastik diesseits der Alpen. Aber weder Alter noch Größe geben den

Ausschlag. Ganz ungewöhnlich für diese frühe Zeit ist die erstaunlich realistische Darstellung des leidenden Christus, seine fast schon verstörende körperliche Präsenz. Das könnte die Skulptur in die Nähe eines Götzenbilds rücken. Nach dem zeitgenössischen Chronisten Thietmar von Merseburg wurde die heikle Verknüpfung gebannt durch einen Span des Heiligen Kreuzes. Gero legte diese Reliquie in einen Riss, der sich plötzlich im Haupt des Gekreuzigten zeigte. Wunderbarerweise habe sich die Stelle daraufhin sofort geschlossen.

Der Romantiker Friedrich Schlegel stand vor Stephan Lochners monumentalem **»Altar der Stadtpatrone«** und geriet vor lauter Begeisterung mit der Grammatik über Kreuz: »In einem Werke, wie dieses, liegt die ganze Kunst beschlossen; und etwas Vollkommeneres von Menschenhänden gemacht, kann man nicht sehen.« Das bedeutendste Werk der Altkölner Malerei entstand um 1442, kam aber erst 1810 in den Dom. Bestimmt war es für die Ratskapelle St. Maria in Jerusalem. Sie nutzte die Mauern der Synagoge (siehe S. 82), der Altar fußte auf dem Unterbau des Thoraschreins.

Die Mitteltafel zeigt wie selbstverständlich die Anbetung der Heiligen Drei Könige, die der thronenden Gottesmutter mit Kind im Zentrum huldigen. Auf der linken Seite

Dom, Gero-Kreuz (Ende des 10. Jahrhunderts).

präsentiert sich die hl. Ursula mit ihrem Gefolge aus sanften Duldern, auf der rechten die geharnischte Schar der Thebäischen Legion unter Führung von Stadtpatron Gereon. Der Goldgrund imitiert einen ebenso üppig wie fein gemusterten Pressbrokat, auch bei den Gewändern hat der Maler großen Wert auf Prachtentfaltung gelegt.

Alle drei Tafeln verbindet ein Wiesenplan, aus dem viele gut getroffene Frühlingsblumen sprießen. Zur Advents- und Passionszeit ist der Altar geschlossen, dann erscheint auf den beiden Außenseiten eine Verkündigung. Auf der rechten, der Seite des Engels, ist die Haltestange des Wandbehangs leicht durchgebogen, der Türrahmen hat eine geringfügige Beschädigung. Hübsche, »realistische« Details, die den aufmerksamen Betrachter für seine Mühe entschädigen.

Stephan Lochner,
Dreikönigenaltar.

»Denkmal der gemischten Ehe«

Der neugotische Dom

Die Vervollständigung des Domtorsos sollte so vonstattengehen, als habe es keinen jahrhundertelangen Stillstand gegeben. Der programmatische Rückgriff auf die Kathedralgotik stand außer Frage, sie galt damals als die deutsche Baukunst schlechthin. Ein Missverständnis, aber ein produktives.

Der Dom als Wald – Nationaldenkmal und -biotop

> Ein Wald von Pfeilern, Säulen und Säulchen, die mit ihren unteren Teilen in Bretterverkleidungen stecken, und deren Gipfel in Gewölben enden, die jetzt auch umbrettert.

> Victor Hugo: *Rheinreise* (1840)

»Ihr großen Wälder schreckt mich tief wie Kathedralen«, nämlich den gleichfalls französischen Poeten Charles Baudelaire in den *Blumen des Bösen*, einem der berühmtesten Gedichtbände der Weltliteratur. Sonst vergleichen eher arglose Verse den Wald mit der Kirche. Umgekehrt wird gerade der Kölner Dom als Wald besungen. »Dies ist ein Wald / und Du willst ihn durchwallen« – so feierte 1863 der damals hoch populäre Karl Simrock den Abriss der Trennmauer zwischen dem mittelalterlichen Chor und dem neugotischen Langhaus (»Gefallen war die böse Wand, gefallen«).

Schon 1790 fühlte sich der große Aufklärer Georg Forster an die »Bäume eines uralten Forstes« erinnert. Aber wirkliche Verbreitung findet die Waldmetapher doch erst unter dem Horizont der Romantik. Kurz nach seiner Priesterweihe dichtet Wilhelm Smets die Romanze »Vom Kölner Dom – in dieser Zeit«. 1823 beklagt er darin den jammervollen Zustand der Kathedrale »des Laubwerks Kronen neigen, / sich bar der alten Kraft«. Einige Verse später ergeht ein flammender Aufruf, »der Väter Eichenwald« vor dem endgültigen Verfall zu retten.

Der Dom ist nicht einfach ein Wald, er ist vielmehr ein Eichenwald. Max von Schenkendorf, der früh verstorbene Koblenzer Dichter, hatte um den ruinösen Bau offenbar weniger Sorgen als Smets. Zunächst entwirft er 1816 ein ungekränktes Waldbild »Es ist ein Wald voll hoher Bäume, / Die Bäume seh ich fröhlich blühn«. Und während Smets selbst die Standsicherheit gefährdet sieht: »Ringsum Gerüste steigen / um morscher Säulen Schaft« reimt Schenkendorf ganz unbefangen »Das wollen diese Säulen sagen, / die himmelwärts die Blicke ziehn, / Dazwischen, wie in grauen Tagen / Im Eichenhain die Beter knien.«

Schenkendorf beschwört hier Germaniens heilige Haine herauf. Nach Tacitus betrachteten es die zisalpinen Barbaren als Frevel, ihre Götter in festen Häusern zu verehren, sie wollten ihre Kultstätten zum Himmel hin offen. Möglicherweise hat Schenkendorfs Zeitgenossen die Gleichsetzung von heidnischem Hain und christlichem Sakralbau befremdet. Jedenfalls weist die Eiche als deutscher Baum und der Wald als deutsches Biotop auf die Domvollendung als nationale Tat voraus.

Da loben wir uns Annette von Droste-Hülshoff: Sie sah im neuerbauten Dom eine »Karikatur des Heiligsten«, »Jehovas Namen sah ich nicht«. Dennoch bemüht auch sie für den gotischen Chor die Waldmetapher. Aber sie spricht vom »Palmenwald«. Und weil die hochwüchsige Dattelpalme keine Seitenäste hat, die Belaubung also erst ganz oben ansetzt, erinnert sie, die ja auch ein christliches Symbol ist, noch am ehesten an Säule und Gewölbe. Der »deutsche Dom« war der Droste höchst suspekt.

Schließlich galt die Gotik, galt vor allem ihre Architektur als naturnah und deshalb – diesmal nach Carl Gustav Carus – als der »unserem Volke ganz eigene, in ihm geborene mysteriöse reine Stil«. Erst spätere Zeiten haben sie als Nationalstil ad acta gelegt. Der Kölner Dom aber erwies sich als ganz besonders untauglicher Musterfall. Zu offensichtlich war er ein

Kölner Dom bei Nacht.

Exponent der französischen Kathedralgotik, manche Kunsthistoriker sahen ihn als deren Vollendung. Ein so inniger Zusammenhang mit der erbfeindlichen Baukunst war eine Pointe, die den Propagandisten des »deutschen Doms« nur schwer
einging.

Plan-Spiele

So gut erforscht kann kein mittelalterliches Bauwerk sein,
als dass nicht doch Abschnitte seiner Geschichte im Dunkeln lägen. Immerhin kann es noch nach Jahrhunderten geschehen, dass ein Lichtstreif wie von ungefähr die nächtigen
Partien erhellt. Im jüngsten Fall saß die Lichtquelle sogar in
Düsseldorf, genauer in der hiesigen Universitäts- und Landes-
bibliothek.

Dort kamen Ende 2014 zwei Pergamentstreifen zutage,
als eine eher unbedeutende mittelalterliche Handschrift ent-
bunden wurde. Die beiden Fragmente aus dem Buchrücken
ließen sich als Überreste einer Architekturzeichnung aus dem
14. Jahrhundert identifizieren und entpuppten sich als Vorlagen für das dritte und vierte Geschoss der Kölner Domtürme.
Der Fund erregte beträchtliches Aufsehen. Nach ihm hätte
dieser Abschnitt ein ziemlich anderes als das vertraute Erscheinungsbild geboten. So stand gleich die Frage im Raum,
welchen Einfluss diese Planteilchen wohl auf die Entscheidun-
gen der Baumeister gehabt hätten, wenn sie schon 1840 bekannt und erkannt gewesen wären.

Nun, vermutlich gar keinen. Denn auch vorher waren Teil-
zeichnungen bekannt, die – immer unter dem Horizont der
Gotik – für fortgeschrittene oder doch weiterentwickelte Bau-
auffassungen zeugten.

Nein, es gab eine Vorlage, die alle anderen aus dem Feld
schlug. Ihr lichtempfindliches, darum grünsamten verhülltes
Original hängt heute in der Johanneskapelle des Chors. Um
1320 entstanden, hälftig längsgeteilt, zeigt es die vollständige
Westfassade. Die bewegten Jahre der Franzosenherrschaft
hatten die beiden Bahnen auseinandergebracht. Die nördli-
che konnte 1814 auf dem Dachboden eines Darmstädter

Dom, Querschnitt nach Sulpiz Boisserée.

0   10   20   30 m

131

Gasthauses aufgespürt werden, die südliche fand der unermüdliche Sulpiz Boisserée zwei Jahre später in Paris.

Dieser so genannte Plan F hat die imposante Höhe von gut 4 Metern und vereint Genauigkeit und Eleganz auf eine Weise, dass er selbst für ein Kunstwerk gelten kann. »Ohne diesen glücklichen Fund«, schrieb Paul Clemen als Doyen der rheinischen Denkmalpflege, »ohne diesen glücklichen Fund würde die Zeit vielleicht nicht den Mut und die Sicherheit zu diesem großen Unternehmen aufgebracht haben.«

»Das große Unternehmen« war die Vollendung des Doms nach gut dreihundert Jahren Stillstand. Und dass ausgerechnet der Plan F so linientreu befolgt wurde, lag sicher auch seiner stupenden Qualität. Denn selbst die höheren Partien am Südturm-Torso ließen keinen Zweifel, dass hier noch im Mittelalter nach neueren Entwürfen gebaut worden war.

Das war dem Dombaumeister Ernst Friedrich Zwirner nicht entgangen. Wohl um jede Diskussion im Keim zu ersticken, ließ er diese Partien einfach wegschlagen, eben weil sie im Widerspruch zum Plan F standen. Und wäre der Begriff »Doktrinärgotik« nicht schon für eine Spielart des Spätstils beansprucht worden, für den Weiterbau der Kathedrale würde er greifen. Die Arbeiten hier kamen zum Abschluss, indem die Zeit zurückgedreht wurde.

Alter Kran und neues Bauen

Für Herman Melville reichte er an die Ewigkeit heran. Bei seinem Kölnbesuch im Dezember 1849 hatte ihn der »immerwährende Kran« offenbar stark beeindruckt. Noch in seinem Jahrhundert-Roman *Moby Dick* nutzt Melville das Bild vom verlassenen Bau der Kölner Kathedrale »mit dem Kran, der immer noch auf dem höchsten Punkt des unvollendeten Turms steht«.

Für die Kölner war der Kran ein Wahrzeichen. Mehrere hundert Jahre gehörte er zum vertrauten Stadtbild, erstmals erscheint er um 1450 auf einem Gemälde. Zu Köln gehörte er nicht nur optisch, sondern auch akustisch. Sobald der Wind auf-

Vincenz Statz, »Und fertig wird er doch« (1861). ▶

132

briste, ließ sein hölzerner Ausleger ein weithin hörbares Ächzen vernehmen.

1868 wurde der Domkran endgültig abgebaut. Sein mächtiger Korpus aus Eiche lieferte Holz für zwölf Stühle und etliche Tabaksdosen. Letztere waren eine Nachbildung des Baukrans und damit Andenken von hohem Nostalgiewert.

Keineswegs nostalgisch ging es beim Bau des Dachstuhls zu. Auf große Empörung einflussreicher Dombauförderer stieß, dass hier Walzeisen statt Holz verwendet werden sollte. Aber Dombaumeister Ernst Friedrich Zwirner sprach sich entschieden für den modernen Werkstoff aus. Er begründete seine Wahl technisch und wirtschaftlich. Erstens ermögliche das Walzeisen bei gleicher Stabilität eine sehr viel leichtere Konstruktion, zweitens sei ein Dachstuhl aus Walzeisen bedeutend preiswerter. Das zweite Argument wird den Ausschlag gegeben haben.

Das neue Material sollte sich bewähren. Den Zuschlag für die Errichtung des Dachstuhls bekam die Kölnische Maschinenbau AG Bayenthal. Es macht im Nachhinein stutzig, dass ihr Angebot um genau einen Pfennig unter dem nächstgünstigen lag. Ist die Frage zulässig, ob hier zugunsten eines heimischen Unternehmens getrickst wurde? Die Antwort heißt: Nein. Schließlich wurde Bayenthal erst 1888 nach Köln eingemeindet ...

»Denkmal der gemischten Ehe« – der Dom und die Symbolpolitik

Meine Herren von Köln! Dies ist, Sie fühlen es, kein gewöhnlicher Prachtbau. Er ist das Werk des Brudersinnes aller Deutschen, aller Bekenntnisse. [...] Rufen sie mit Mir, und unter diesem Ruf will ich die Hammerschläge auf den Grundstein tun, rufen sie mit Mir das tausendjährige Lob der Stadt: Alaaf Köln.

König Friedrich Wilhelm IV. (1842)

Mit dem »Grundstein« meinte der oberste Hohenzoller natürlich nicht den der Kathedrale überhaupt, sondern den zu ihrer Vollendung. Das war immer noch ein spektakulärer Anlass, aber die Rede und ihr Pathos zielten weit darüber hinaus. »Hier wo der Grundstein liegt, dort, mit jenen Türmen zugleich, sollen sich die schönsten Tore der ganzen Welt erheben. Deutschland baut sie – so mögen sie für Deutschland durch Gottes Gnade, Tore einer neuen, großen und guten Zeit werden. Alles Arge, Unrechte, Unwahre und darum Undeutsche bleibe fern von ihnen.«

Der Dom als Vaterland-Stellvertreter, ein sehr spezieller Auftrag. Andererseits bot sich das Bauwerk dafür an. Als 1842 der Grundstein zur Vollendung gelegt wurde, war der heftige Konflikt zwischen katholischer Kirche und preußischem Staat eben erst beigelegt. Diese »Kölner Wirren« hatten sogar zu einer Festungshaft des Erzbischofs Clemens August Droste zu Vischering geführt. Der Dom als Zeichen der deutschen Einheit konnte nun als versöhnliche Geste gegenüber den rheinisch-katholischen Untertanen verstanden werden.

Aber während der Bauarbeiten kam es zu einer erneuten Machtprobe zwischen den beiden Kontrahenten. Im Kulturkampf widersetzte sich auch Paulus Melchers, Nach-Nachfolger von Droste zu Vischering, den staatlichen Direktiven. Er kam zwar nicht nach Minden in Festungshaft, aber 1874 doch in den Kölner Klingelpütz. Bei der Einweihung des Doms 1880 war er nicht anwesend und das Klima seitens des Klerus überhaupt frostig.

Dennoch wurde gefeiert. Es gab einen Festzug, und die zugefahrenen Kölner bauten einen wunderschönen Wagen. Sein Aufbau zeigte eine Germania, die einen Lorbeerkranz über den vollendeten Dom hielt. Kein Zweifel, die Kathedrale als »nationale Ruhmestat« eignete sich vorzüglich für Symbolpolitik.

Friedhof und Stadtoase

Melaten

Von der lauten Feier zum stillen Gedenken: Doch Stille hat gerade auf Melaten nie gehindert, eine besonders prunkvolle Grabstätte in Auftrag zu geben. Außerdem ist Melaten ein Ehrenfriedhof. Und so summt an dem einen oder anderen Grab der eine oder andere Besucher ein Karnevalslied, eins von den besinnlichen versteht sich.

Viele Jünglinge und ein Sensenmann

Franz Ferdinand Wallraf war die zentrale Figur des Kölner Kulturlebens um 1800. Auch die Anlage und Gestaltung dieses Friedhofs geht wesentlich auf ihn zurück. Als gemäßigtem Aufklärer schwebten dem Kanonikus Grabmäler »in antikischem Geschmacke« vor. Deshalb ist auf Melaten nicht jede geflügelte Figur zwangsläufig ein Engel.

Oft tritt der Genius an seine Stelle. Er war nach römischer Vorstellung der persönliche Schutzgeist des Verstorbenen, mit dessen Tod auch er sich verflüchtigt. Symbol dieses Abschieds ist die umgekehrte, gegen die Erde gesenkte Fackel. Über den Gräbern lässt der Todesgenius ihre Flamme erlöschen. Und so berauschend schön diese Jünglingsgestalten sein mögen, die Mohnkapsel in ihrer Hand symbolisiert doch den Schlaf als »Todes Bruder«.

Am eindrucksvollsten posiert dieser Genius für Caspar Hamm (1779–1818). Geschaffen hat das Grabmal Peter Josef Imhoff, offenbar tief beeindruckt von der Kunst des dänischen Klassizisten Bertel Thorvaldsen. Sinnend neigt die Figur den Kopf zur Fackelseite, graziös lehnt sie an einem Obelisk, der die halb verschleierte Urne trägt. Leider zeugt auch das Werk selbst für die Vergänglichkeit alles Irdischen.

Manche Genien auf Melaten lassen an Friedrich Schillers Gedicht »Die Götter Griechen-

Genius des Todes auf dem Grab von Caspar Hamm. ▶

136

lands« denken. Beim Weimarer Klassiker ist die Figur ebenfalls Teil einer verklärten Antike: »Still und traurig senkt ein Genius seine Fackel«. Für Schiller ist er eins der »schönen lichten« Bilder, die das »ernste Schicksal« leichter tragen ließen. Und er kontrastiert das Erscheinen des Genius an der Totenbahre mit den Auftritten des Gevatters in christlich-mittelalterlicher Tradition: »Damals trat kein grässliches Gerippe vor das Bett des Sterbenden.«

Nach »grässlichen Gerippen« muss denn auch ein Melaten-Besucher lange Ausschau halten. Doch wurde ausgerechnet ein solches so etwas wie das Wahrzeichen dieses Friedhofs.

Heute wachen Paten über die Grabstätte der Familie Müllemeister. Hier steht ein Sensenmann, der an Gerippigkeit nichts zu wünschen übrig lässt und derzeit sogar wieder sein – gerne entwendetes – Mähgerät trägt. Kann es Zufall sein, dass der Wahl-Münsteraner Leopold Graf zu Stolberg Schillers Gedicht wegen Verunglimpfung des Christentums scharf angegriffen und mit August Schmiemann (1846–1927) ein Münsteraner Bildhauer diesen Tod geschaffen hat? Auch die Auftraggeber kamen aus Münster. Kölner zögern nicht, in dieser Skulptur die unerbittliche Frömmigkeit des Stock-Westfalen zu erkennen, die ihrem Naturell und ihrem Katholizismus ganz zuwiderlaufen.

Aussatz und Leibstrafe – zur Vorgeschichte von Melaten

»Melatenblond« ist eine kölneigene Haarfarbe. Wer sich selbst diese Tönung zuschreibt, kokettiert mit der eigenen Hinfälligkeit. Melaten ist Kölns bekanntester Friedhof und sein Name ebenso historisch wie seine Lage. Schon die Römer begruben ihre Toten an der heutigen Aachener Straße. Sie war damals ein Teil der neuerdings so genannten *Via belgica* und führte von der Hauptstadt Niedergermaniens zur Atlantikküste.

Meist wird der Friedhofsname von den »Maladen«, also den Kranken, hergeleitet. Da-

Der Sensenmann an der Familiengrabstätte Müllemeister. ▶

neben wird als Wurzel ein »Mal' ladre« erwogen, die Krankheit des Lazarus. Dieser neutestamentliche Lazarus war Patron der »Leprösen« und ihrer Häuser. Auch die alte, 1245 geweihte Kapelle auf Melaten hat neben Maria Magdalena den Lazarus zum Schutzheiligen.

Häufiger ist zu lesen, hier habe auch die Kölner Blutgerichtstätte gelegen. Nur befand sie sich schräg gegenüber dem Leprosorium Melaten (also auf der anderen Straßenseite) am so genannten Rabenstein. Doch darf darüber nachgedacht werden, ob die christlich-mittelalterliche Weltsicht den engen räumlichen Zusammenhang von Gehenkten und todgeweihten Kranken nahelegte.

Erstmals 1180 erwähnt, gilt Melaten als reichsweit größte Einrichtung ihrer Art und war anders als viele andere Leprosorien recht gut ausgestattet. Zu ansehnlichem Vermögen kam die Einrichtung, weil mancher Bürger sie in seinem Testament oder mit einer Stiftung bedachte. Daneben verfügte Melaten über einen festangestellten »Schellenknecht«, der die Krankensiedlung verwaltete.

Wer im Mittelalter ansteckende, äußerlich sichtbare Krankheiten (»Aussatz«) hatte, musste ein Leben außerhalb der Gemeinschaft führen. Streng abgeschlossen hausten die Betroffenen in »Siechenhäusern«. Am meisten Furcht und Schrecken verbreitete die »Lepra«, eine Infektionskrankheit, die wohl während der Kreuzzüge aus dem Orient eingeschleppt worden war. Auf den Anblick der oft fürchterlich zugerichteten »Leprösen« reagierten die Gesunden panisch. Nach Köln hinein durften sie nur an den vier höchsten kirchlichen Feiertagen, auffällige Kleidung und Klappern warnten die Bürger vor ihnen.

Zusammengefasst – Melaten als Zentralfriedhof

Als die Lepra verschwand, stand das Gelände des Leprosoriums zur Disposition. Der heutige Friedhof wurde 1810 eingeweiht. Dieser zentrale »Gottesacker der Stadt Köln« war vom französischen Regiment erzwungen worden. Die Kölner hatten dem napoleonischen »Dekret über die Begräbnisse« von 1804 zunächst nur zähneknirschend Folge geleistet. Viele fanden es ungeheuerlich, nicht mehr auf dem Kirchhof ihrer Pfarre begraben und so erst wirklich aus der Mitte des Lebens gerissen zu werden.

Aber schließlich führte an Melaten kein Weg vorbei. Sogar Protestanten fanden hier ihre letzte Ruhestätte – allerdings

Melaten, Hinrichtungsstätte Rabenstein, Hinrichtung der beiden evangelischen Reformatoren Adolf Clarenbach und Peter Fliesteden 1529.

erst ab 1829. Und dass der erste (Johann Christian Rhodius) ein Weinhändler war, darf aus Köln(katholisch)er Sicht als letzter Reflex des Widerstands gedeutet werden.

Vom wesentlichen Anteil Franz Ferdinand Wallrafs an der Friedhofsgestaltung kündet auch das monumentale Eingangstor. Es geht auf seinen Entwurf zurück und erinnert – über das klassizistische Erscheinungsbild hinaus – an altägyptische Denkmäler, spielt demnach auf die besondere Beziehung dieser Kultur zu einem Reich der Toten an.

Die Tafel im Dreiecksgiebel des großen Tors nennt, in Großbuchstaben und selbstverständlich auf Latein, den Titel: »Der geheiligte Ort für die Bestattungen der Agrippinenser« (also, Kölner: *Funeribus Agrippinensium sacer locus*). In der Mauer neben dem Eingang mahnt die ebenfalls lateinische Inschrift zum Gebet für die Toten, nicht ohne der Aufforderung besonderen Nachdruck zu verleihen: »(Du,) bald der Unsere« (*mox noster*).

Für einen Friedhof außerhalb der Stadt sprachen vor allem hygienische Gründe – Reisende der Zeit haben die Dünste in Kirchen und auf Kirchhöfen oft mit drastischen Worten geschildert. So sollte das frische Grün auf Melaten nicht nur der Augenweide dienen, sondern auch gegen eventuelle Leichengerüche angehen. Aber schon zu Beginn lag der Parkgedanke nahe, 1826 lieferte der vielbeschäftigte Gartenarchitekt Maximilian Friedrich Weyhe den ersten Bepflanzungsplan.

Melaten, Eingang Aachener Straße, Inschrift »Funeribus Agrippinensium sacer locus«.

Entlang des Hauptwegs finden sich nicht unbedingt die stattlichsten Gräber, aber doch

die klangvollsten Namen. Zwei davon sind Franz Ferdinand Wallraf und Johann Heinrich Richartz, hier auf einer – schlichten – Tafel vereint. Zwischen ihren Sterbedaten liegen 37 Jahre, aber der eine hat das Kulturleben der Stadt als Sammler und der andere als Mäzen wesentlich bereichert.

Überhaupt liegt in der Natur der Sache, dass Melaten und dieses Buch manchen Namen gemeinsam haben. Die älteste Gedenktafel gehört zur Grabstätte (Johann Baptist) Farina, sie erinnert an Johann Maria Farina (gest. 1766), den »Erfinder der Eau de Cologne« (siehe S. 89 f.). Und die Grabstätte Boisserée hat zwar nicht die beiden berühmten Melchior und Sulpiz aufgenommen, dafür aber ihren Bruder, den Unternehmer Bernhard Boisserée (1773–1845). Er wachte über das Familienvermögen und ermöglichte es Melchior und Sulpiz, ihren schöngeistigen Interessen nachzugehen. Als Parallele zum Dombau lässt sich das große Kreuz verstehen. Sein Material Gusseisen gehört in die Moderne wie der Kathedralen-Dachstuhl, und die

»Plan über die Einrichtung und Bepflanzung des Gottesackers der Stadt Cöln zu Melaten gelegen« (1826).

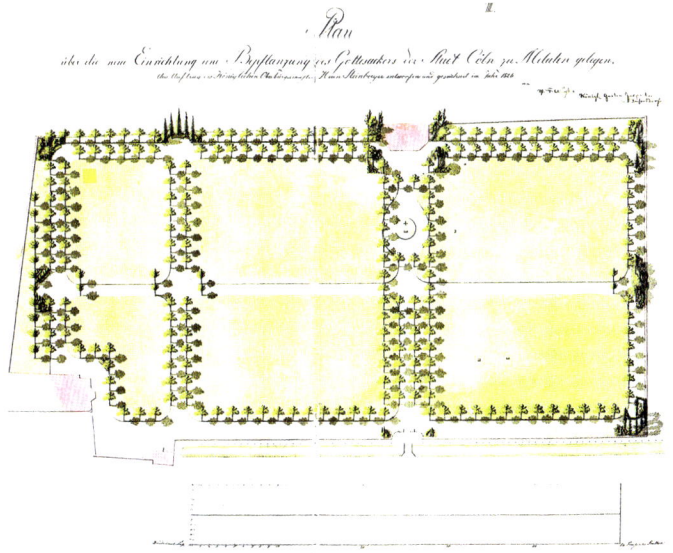

143

feingliedrige Neogotik steht auch hier für die Rückbindung ans Mittelalter.

Das älteste Grabmal (1811) ist zwei ganz jung Verstorbenen gewidmet. Die Brüder de Latte, der jüngere gerade zwei Jahre alt, fielen dem Scharlach zum Opfer, »die hochbetrübten Eltern [setzten] dieses Denkmal des Schmerzes und der Liebe«.

Melaten – ein Geschichtsparcours

Nichts ist selbstverständlicher, als dass dieser Friedhof eine ergiebige Führung zum Thema Karneval ermöglicht. Von Ahnvater Mathias Joseph De Noël (1782–1849) spannt sich der Bogen bis zu Willi Millowitsch – Willi Ostermann, Gerhard Jussenhofen und Jupp Schmitz liegen hier begraben. Wer will, kann auch einen Streifzug durch die Kunstgeschichte des 19. Jahrhunderts unternehmen. Auf Melaten finden sich Grabstätten mit üppig neobarockem Dekor ebenso wie mit Neu-Renaissance-Architektur, für die stille Trauer bietet sich das Biedermeier an.

Von den modernen Monumenten fällt der Stein für den Glasmaler Georg Meistermann ins Auge, dessen »Schwebendes Kreuz mit Sonne« auf einen Entwurf des Künstlers zurückgeht. Eine markante Plastik schuf der Aachener Bildhauer Wolfgang Nestler für das Grab des Dada-Künstlers Johannes Theodor Baargeld. Den Auftrag dazu gab Grabpate und Baargeld-Forscher Walter Vitt, nachdem das ursprüngliche Grabmal im Zweiten Weltkrieg vernichtet worden war. Für »Zentrodada« (wie er sich auch nannte), der laut Pass Alfred Ferdinand Gruenwald hieß, sollte das Leben als Künstler und Bürgerschreck Episode bleiben. Seine existentielle Herausforderung fand er später im Bergsteigen. Gerade einmal 35 Jahre alt, erfror er 1927 am Mont Blanc.

Ein Streiflicht soll auf ein Werk der gemäßigten Moderne fallen. Über dem Grab von Hans Böckler (1875–1951), dem ersten Vorsitzenden des Deutschen Gewerkschaftsbundes, ruht auf kegelförmiger Stütze ein Zahnrad. Das markante Motiv verdankt sich natürlich den Versen »Alle Räder stehen

Grabstätten von Johann Maria Farina, Willi Ostermann, Hans Böckler und der Familie Millowitsch auf dem Friedhof Melaten.

still, wenn Dein starker Arm es will.« Geschaffen hat die Plastik Ludwig Gies, seit 1950 Professor an den Kölner Werkschulen. Seine bekannteste Arbeit war der Adler im Plenarsaal des alten Bundestages, »fette Henne« nannte der ungewaschene Volksmund das Tier. Auch Gies liegt auf Melaten begraben.

Eher wenig dürften die Familien längs der »Millionenallee« von einer organisierten Arbeiterschaft gehalten haben. Eigentlich bedeutet die gängige Abkürzung »MA« schlicht Mittelachse. Der breite Weg quert den Friedhof von Ost nach West, er ist eine Bühne der Repräsentation. Hier geht es vorbei an großen Namen der neueren Stadt- und der älteren rheinischen Wirtschaftsgeschichte, wobei diese Größe im einen oder anderen Fall vielleicht doch nicht ganz an die Größe ihrer Grabstätten heranreicht. Am weitesten greift das Monument für Wilhelm Ludwig Deichmann und seine Familie aus. Die Heirat mit Elisabeth »Lilla« Schaaffhausen sicherte Wilhelm Ludwig endgültig die Aufnahme in Kölns Bankerelite. Das gastliche Haus führte seine Frau, seit 1836 allerdings immer öfter in der (Bonn-)Mehlemer Villa Deichmann.

Trauernde.

Der Obelisk im Zentrum der Grabstätte hat beachtliche Ausmaße. Obelisken sind altägyptischer Herkunft und als Unsterblichkeitssymbol öfter auf Melaten zu finden. Während ein Obelisk in die Höhe strebt, gehen Wandgräber in die Breite. Auch diese Dimension erlaubt die spektakuläre Inszenierung. Wie im Fall der Familie (von) Mevissen, deren berühmtestes Mitglied der Industriemagnat und liberal-konservative Politiker Gustav von Mevissen war. Seine Gedenktafel nennt ihn »Ehrenbürger der Stadt Köln«, bei seiner Tochter Mathilde sind nur das Geburts- und Sterbedatum verzeichnet. Ihr Engagement für die Frauenbildung wäre einen Zusatz wert gewesen.

Für den guten Schluss geeigneter als der donnernde Akkord Millionenallee sind die Bestattungsgärten im rückwärtigen Teil vom Melaten; besondere Nähe zur Natur zeigt die Auenlandschaft. Überhaupt ist dieser Friedhof eine Oase mitten in der Großstadt. Die Hecken und Bäume bieten vielen Tieren einen Rückzugsraum. Sogar entlegene Winkel für einen Fuchsbau gibt es. Zahlreich sind die

Deichmann-Grab.

Vögel vertreten, schon in Straßennähe übertönt ihr Zwitschern die urbane Geräuschkulisse. Kölner wissen: »Melaten – da ist Leben drin.«

Ganz weit draußen – der Geusenfriedhof

Es war ein langer Weg, den die kleine Trauergemeinde gehen musste. Höchstens ein Dutzend durfte den Sarg begleiten aus dem Weyertor hinaus bis an die heutige Kreuzung von Weyertal und Kerpener Straße.

Dort hatte eine katholische Kölnerin den »Nichtkatholischen« 1576 ein Grundstück gestiftet, auf dem sie seit 1583 ihre Toten bestatten konnten. Der Name Geusenfriedhof bürgerte sich ein, weil hier anfangs meist die reformierten Exilanten aus den Niederlanden, eben die »Geusen«, beigesetzt wurden. Die Stadt hatte ein scharfes Auge darauf, dass die Grabstätten nicht zu üppig ausfielen. Andererseits zeigt der Friedhof, dass die Protestanten aller Spielarten zwar vom öffentlichen Leben kategorisch ausgeschlossen, aber unter der Hand doch geduldet waren. Immerhin gehörten manche Unrechtgläubige zu den wohlhabenden Bürgern, an deren Steuern und Abgaben die Stadt sehr wohl Interesse hatte. Zäh hielt das katholische Köln an der Diskriminierung fest. Selbst auf Melaten durften Protestanten erst ab 1829 beerdigt werden.

Die letzte Einsegnung auf dem Geusenfriedhof fand 1875 statt. Einige Grabsteine sind heute restauriert. Oft sind die schräggestellten Platten verwittert, die einst kunstvollen Reliefs nur noch schemenhaft sichtbar. Manche hat der Efeu überwuchert – mit dem gleichen Ergebnis. Aber der Friedhof unter den hohen Bäumen ist sogar an dieser viel befahrenen Kreuzung ein Ort des Friedens, fast eine Idylle.

»Schäl Sick«

Rechtsrheinische Impressionen

Veranstaltungen und eine Ausstellung skizzieren »Rechtsrheinische Perspektiven«, ein Buch gleichen Titels bleibt nicht aus. Oft genug wird sogar ungefragt versichert, dieses Stück Köln habe ein »enormes« Potential. Dennoch bleibt Kölns naher Osten auf der Schattenseite des öffentlichen Interesses. Grund genug, ihm ein eigenes Kapitel zu widmen.

Die Mülheimer Andreae, ihre Denkmäler und der Familiengroll

Zu den namhaftesten Familien der rheinischen Textilindustrie gehören die Andreae aus Mülheim. Auch im politischen Leben der Stadt spielten sie eine Rolle, z. B. Otto Andreae als erster Präsident der Mülheimer Handelskammer (gegründet 1871). Gleich vier bekannte Andreae haben den Vornamen Christoph, der hier gemeinte Christoph Andreae (1819–1876) war offenbar ein Mann mit ebenso viel Sinn für die Familiengeschichte wie für die öffentlichkeitswirksame Geste.

In seinem Testament hatte er 20 000 Mark für ein Bismarck-Denkmal gestiftet, mit der Auflage, das Monument spätestens drei Jahre nach dem Tod des Geldgebers einzuweihen. Das gelang. Um ein Haar wäre es sogar das erste Denkmal überhaupt für den »eisernen Kanzler« geworden.

Reichsweit sollte bald eine Woge von Bismarck-Denkmälern folgen, die Andreae-Skulptur war ihnen nicht allzu weit voraus. Und offenbar befremdete wenig, dass der hier Aufgesockelte das Zeitliche noch gar nicht gesegnet hatte.

Entschieden mehr befremdete, dass dieser Bismarck am Augustinerplatz, also im Zentrum Kölns, Aufstellung fand und das bei heftig währendem »Kulturkampf«. Als unverschämte Provokation aber musste gelten, dass der Reichskanzler hier zwar in schlichter Pose, dafür aber mit einer Hieb- und Stichwaffe an seiner Seite dargestellt war.

Der Kulturkämpfer Bismarck verwies so auf einen ähnlichen Kulturkampf, der damals schon lange zurücklag, aber in der Andreae'schen Familiengeschichte tiefe Spuren hinterlassen hatte. Christoph Andreae sen. hatte 1687 in Köln eine Seidenmanufaktur eröffnet, die nach zögerlichen Anfängen ordentlich florierte. Doch der Unternehmer besaß einen Makel: Er war Lutheraner und deshalb in Köln nicht gelitten.

1714 wechselte er ins bergische Mülheim. Was diesem Andreae umso leichter gefallen sein wird, als ihm Mülheims Stadtherr Kurfürst Johann Wilhelm von der Pfalz (Jan Wellem) für den Fall des Ortswechsels nicht nur Bekenntnisfreiheit, sondern auch steuerliche Privilegien zugesichert hatte.

Das Bismarck-Denkmal am Augustinerplatz steht nicht mehr, sein Verbleib ist unbekannt. Aber die Berliner Gusswerkstatt des Originals fertigte reichlich Repliken an und das gleich in vierfacher Größe. Eine 63 Zentimeter hohe Nachbildung ist im Kölner Stadtmuseum erhalten.

Doch damit ist diese Denkmal-Geschichte nicht auserzählt. Denn die Andreae sollten selbst im Untergang der städtischen Freiheit die Fahne Mülheims hochhalten – und sich dazu wiederum eines Monuments bedienen. Ebenfalls auf einen Christoph Andreae geht das Jan-Wellem-Denkmal zurück, das 1914 enthüllt wurde. Es war das Jahr der Eingemeindung Mülheims nach Köln und fiel mit einem denkwürdigen Jubiläum zusammen: Zweihundert Jahre zuvor hatten die Andreae Köln den Rücken gekehrt, um sich auf der anderen Rheinseite niederzulassen.

Vordergründig hoben die Nachfahren jetzt den Landesherrn aufs Podest, der ihnen eine neue Heimstatt geboten hatte. Aber wie der Bismarck von 1879 setzt auch der Jan Wellem von 1914 ein politisches Zeichen. Er ist Ausdruck des Protests dagegen, dass nun ausgerechnet der »Erbfeind« Köln die Stadt Mülheim schluckt. Wenigstens ihr Jan Wellem blieb den Mülheimern erhalten und hat einen Ehrenplatz im – Mülheimer – Stadtgarten.

Jan-Wellem-Denkmal im Mülheimer Stadtgarten. ▶

Kurzlebige Stadtgeschichte(n)

Linksrheinische Kölner kokettieren immer noch damit, zwar schon überall gewesen, aber in der Heimatstadt nie über den Strom hinausgekommen zu sein. Ein zähes Leben führt der Spruch des Pseudo-Adenauers, hinter der Hohenzollernbrücke, also in Deutz, beginne Sibirien.

Immerhin, der Bezirk Innenstadt schließt den Stadtteil Deutz ein, hier entstand mit dem Stadthaus, auch Technisches Rathaus genannt, die Kölner Verwaltungshochburg. Mit den Messehallen, Rheinpark samt Staatenhaus, den Claudius-Thermen, der Lanxess-Arena, dem 103 Meter hohen Köln-Triangle und neuerdings dem Rheinboulevard (siehe S. 260) hat Deutz zweifellos seine Attraktionen. Außerdem spricht bei der chronischen Enge des Nadelöhrs Hauptbahnhofs viel dafür, dass um Deutz bald kaum mehr ein Reisender herumkommen wird.

Doch partienweise wirkt der Kölner Osten so, als sei der Rhein immer noch eine Art Limes. Und das, obwohl sich historisch gesehen hier die Urbanität ballt oder doch ballen könnte. Deutz war eine (fürstbischöfliche) Freiheit, also eine Minderstadt ebenso wie das bergische Mülheim, allerdings ließ ihr übermächtiges Gegenüber keine wirkliche Stadtentwicklung zu. Tat sich deutzerseits etwas in dieser Richtung, begann der linksrheinische Nachbar gleich sein zerstörerisches Werk, so geschehen 1376, 1393, 1405, 1416 etc. Nicht anders im Fall von Mülheim. 1255 bis 1286, 1288 bis 1299 usw. legten die Kölner hier die Befestigungen nieder, Schutt-und-Asche-Aktionen im Ort selbst inbegriffen. Im 18. Jahrhundert aber blühte hier die Seidenspinnerei auf, und diese Blüte zog repräsentative Wohnbauten nach sich. Leider sind sie größtenteils aus dem Stadtbild verschwunden, das eindrucksvollste Zeugnis vergangener Größe liegt in der Wallstraße (Nr. 56).

Dass Deutz 1857 zur Stadt erhoben wurde, hat ihm ebenso wenig genützt wie Kalk, dem 1881 dieselbe Ehre widerfuhr, das aber doch 1888 teilweise und 1910 ganz geschluckt wurde. Mülheim, zwischenzeitlich sogar zur Kreisstadt aufgestiegen, wehrte sich lange, aber 1914 kam die Reihe auch an diese

Lanxess-Arena und Technisches Rathaus in Köln-Deutz.◄►

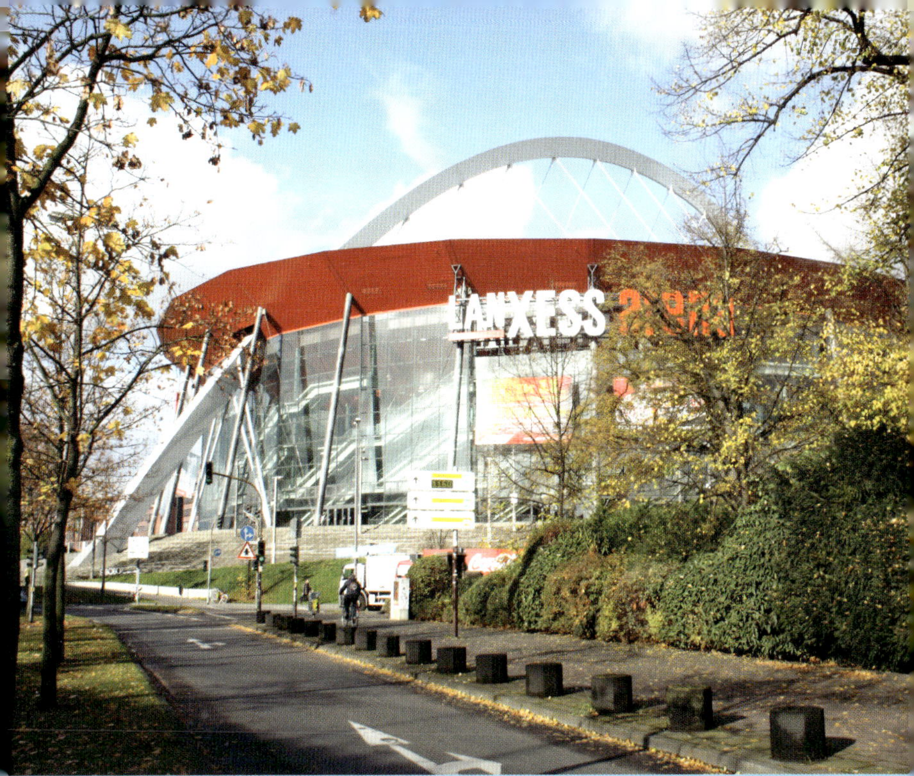
LANXESS

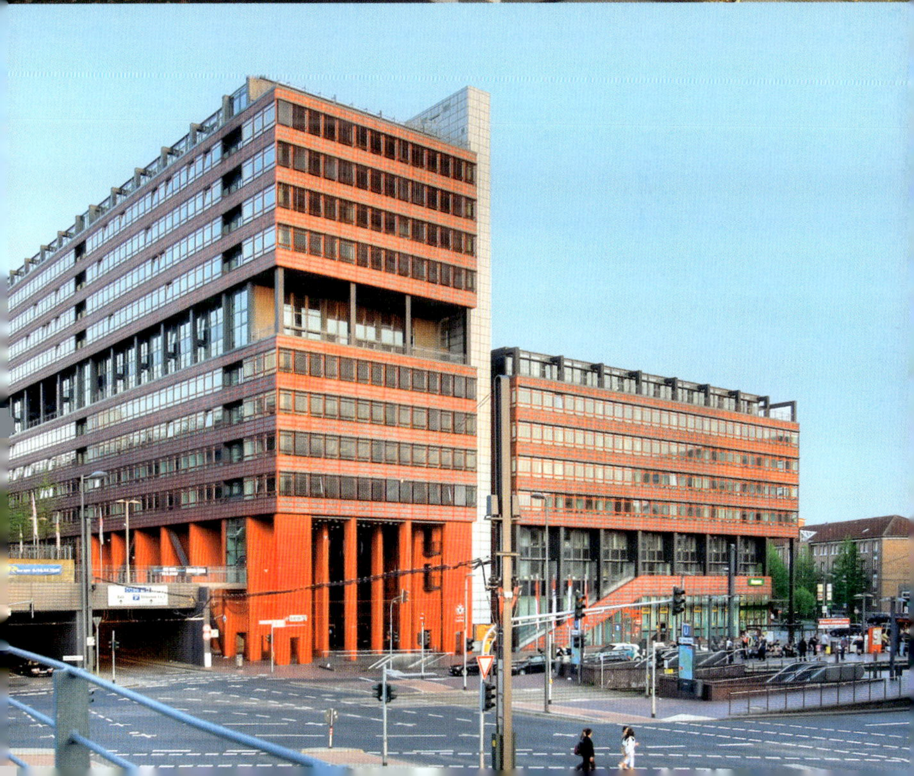

Kommune. Porz konnte seine Erhebung zur Stadt 1951 feiern, doch es dauerte nur ein knappes Vierteljahrhundert, bis es 1975 ebenfalls in Köln aufging. Es liegt wohl an der jungen Stadt-Köln-Geschichte, dass die Porzer Zugehörigkeit am wenigsten im öffentlichen Bewusstsein verankert ist.

Konversion und Stadtgedächtnis: die Deutz-Mülheimer Straße

Das rechtsrheinische Köln reicht schon ans Bergische heran und hat, nicht zuletzt dank der Bäche, manche idyllische Partien. Geschichte geschrieben hat das rechtsrheinische Köln aber als Industriestandort. Hier gab es Flächen, wie sie die großen und rasch wachsenden Unternehmen brauchten. Mit den Stationen der Köln-Mindener Eisenbahn, mit den Häfen von Deutz und Mülheim gab es auch Verladestellen für schwere Gerätschaften.

Allerdings: Als diese Industrien zusammenbrachen, als Anlagen und Fabrikgelände sich selbst und den wilden Müllentsorgern überlassen waren, herrschten nur noch Tristesse und Verfall. Es gab vereinzelte Aficionados, die beim Blick in die Hallen der Hauch einer großen Vergangenheit anwehte, aber auf die meisten Anwohner und Stadtgewaltigen wirkten die Bauten derart schäbig, dass sie die Abrissbagger herbeisehnten.

Dann trat jedoch eine gewisse Wende ein: Die Denkmalpfleger erkundeten das enorme industriegeschichtliche Potential des Kölner Ostens, besonders im Abschnitt zwischen Deutzer und Mülheimer Hafen. Leider konnten sie sich erst spät Gehör verschaffen. Manches würdige Denkmal war da schon auf Nimmerwiedersehen verschwunden, manche Ruine selbst beim besten Willen (wenn es ihn gegeben hätte) nicht mehr zu retten.

Die Deutz-Mülheimer Straße ist eine Ehrenmeile rheinischer Industriekultur. Sehr zu Recht steht hier, genauer am ehemaligen Postbahnhof (gleich gegenüber dem Osteingang der Kölner Messe),

So genannte Design-Post. ▶

154

eine Stele der »*Via industrialis*«. Sie erinnert an den großen Komplex samt Postamt, von der allein die (verkürzte) Dreigelenkbogenhalle (1910–1914) übrig blieb. Heute als Showroom von einigen Einrichtungsfirmen unter dem Namen »Design Post« genutzt, unterstreicht die großflächige Verglasung ihre konstruktive Eleganz.

Der Halle des Postbahnhofs und ihre Verwandlung könnte ein Leitmodell für andere Industriebauten werden. Denn noch gibt es

Anzeige der Gasmotorenfabrik Deutz.

reichlich »Konversionsflächen« längs der Straße und im Umfeld. Verkehrsgeschichtlich ist die teilerhaltene Teststrecke der Wuppertaler Schwebebahn von herausragender Bedeutung, das gilt auch für den Walter-Möhring-Bau auf dem

Werksgelände der ehemaligen Gasmotorenfabrik Deutz.

Anspruchsvolle Industriearchitektur findet
sich auch auf dem Areal der einstigen Druck-
farbenfabrik Lindgens. Die Halle der Zink-
weiß-Fabrik hat als »Dock one« schon eine
neue, attraktive Nutzung als mietbarer Eventstandort gefunden, im Übrigen sind die Planungen hier am weitesten fortge-
schritten. Sie stehen im engen Zusammenhang mit dem weit-
räumigeren Konzept »Mülheimer Süden inklusive Hafen«, das
auf dem Entwurfspapier wirklich spannend aussieht. Wer den
unbefangenen, also geringfügig skeptischen Blick an Mülheims Hafenkante landeinwärts schweifen lässt, muss allerdings damit rechnen, dass sein Wille zur Begeisterung auf
eine harte Probe gestellt wird.

Und seit 2014 säumt ein grünes Band namens »Rheinboulevard Mülheim-Süd« die Landseite des Hafens und, noch
wichtiger, den Strom selbst. Keine Frage, dass seine immerhin anderthalb Kilometer auch als Anreiz für die Investoren
gedacht sind.

Aufbruch Schanzenstraße

Harald Schmidt und Stefan Raab sind wieder weg, selbst im Fall seiner Größen hat Showbiz geringe Halbwertzeiten. Das ändert nichts an der Lebendigkeit eines lange totgesagten Industriegebiets. Mit dem E-, einem Umspannwerk aus der Gründerzeit, liegt an der Mülheimer Schanzenstraße ein intensiv genutzter Veranstaltungsort. Das gilt auch fürs Palladium gegenüber, es steckt im Gehäuse einer Maschinenbauhalle von 1899. Das Carlswerk von Felten & Guilleaume behauptet einen festen Platz in der deutschen Wirtschaftsgeschichte, hier wurde 1904 das erste transatlantische Überseekabel produziert, auch die Stahlseile für die Mülheimer und Rodenkirchener Brücke kamen aus Mülheim. Das Werk nahm ein trauriges Ende samt zugehörigem Verlust tausender Arbeitsplätze, auferstanden ist es als Gewerbecampus mit starker Ausstrahlungskraft. Im Hauptgebäude von 1961 fand der Verlag Bastei Lübbe sein Hauptquartier.

Zwei Herrensitze als Lernorte: der Thurner Hof (Köln-Dellbrück) und Schloss Wahn

Der Thurner Hof, genauer sein Herrenhaus, ist das imposanteste Fachwerkgebäude im Stadtgebiet. Es entstand kurz vor 1600, damals hatte der Rittersitz schon eine über vierhundertjährige Geschichte hinter sich. Über seinem Hoftor blieb das Allianzwappen (1627) der Quadt-Pallant erhalten, denn ein Adolf von Quadt zu Haus Buschfeld hatte das Anwesen 1612 erworben. Ab 1760 wurden die Besitzer bürgerlich, 1911 kaufte es die Stadt Köln, also drei Jahre, bevor der heutige Stadtteil Dellbrück als Teil der Bürgermeisterei Merheim nach Köln eingemeindet wurde.

Außerdem gibt der Thurner Hof Gelegenheit, die Strunde als den bekanntesten Kölner Bach zu ehren. In der Vergangenheit hatte er schon ein außerordentliches Arbeitspen-

◤ *Mülheim, E-Werk Schanzenstraße.*
◢ *Mülheimer Hafen mit Blick bis zum Dom.*

sum hinter sich, bevor er das (heutige) Kölner Stadtgebiet erreichte. Zu den vielen Mühlen, die er betrieb, gehörte auch die vom Thurner Hof. Und als der Hof selbst schubweise saniert wurde, gab die Strunde das Wasser für den Wehrgraben dazu.

Die ehemaligen Wirtschaftgebäude des Anwesens nutzt der Dellbrücker Reiterverein »Kornspringer«, dazu gehört auch der massive Eckturm an der Mielenforster Straße. Das Fachwerkhaus hat eine lange und immer noch nicht abgeschlossene Sanierungsgeschichte, kann aber für Veranstaltungen der Volkshochschule genutzt werden. Die hat seit 1990 das Gelände zu einem Lernort entwickelt, der ganz im Zeichen des naturnahen und biologischen Gärtnerns steht. Zwei Arbeitskreise betreuen ehrenamtlich den Bauerngarten, die große Streuobstwiese und den Bienenstand. Sie alle stehen den Besuchern offen. Fast überflüssig hinzuzufügen: Dieses kulturlandschaftliche Schmuckstück lohnt einen Ausflug unbedingt.

Thurner Hof in Dellbrück.

Das gilt auch für Schloss Wahn (vollendet 1757), seit 1820 bis heute im Besitz der Fami-

Schloss Wahn.

lie von Eltz-Rübenach. Schon die Zufahrt mit Allee und steinerner Brücke vor dem Torhaus macht deutlich, dass dieses Schloss höheren Ansprüchen genügen sollte. Die Dreiflügel-Anlage als Hauptbau, die ehemaligen Wirtschaftsgebäude und die Mauer im Süden umschließen einen Innenhof, unter seiner Kastanie zeigt Schloss Wahn ein zurückhaltendes, noch spätbarockes Erscheinungsbild.

Ganz anders sein Inneres: Das exquisite Chinesische Zimmer huldigt der China-Mode seiner Zeit (um 1765) und der Gartensaal mit den deckenhohen Szenen bukolischen Landlebens weist deutlich ins Rokoko. Für die Architektur zeichnete wohl der Balthasar-Neumann-Mitarbeiter und spätere Mülheimer Stadtbaumeister Johann Georg Leydel (1721–1785) verantwortlich.

Die größte Attraktion von Schloss Wahn aber ist die »Theaterwissenschaftliche Sammlung der Universität zu Köln«, die hier ihren Sitz hat. In einem Buch über Köln verdienen vielleicht zunächst der Millowitsch-Nachlass und die ältesten Puppen des Hänneschen-Theaters Erwähnung. Doch die herausragende Sammlung von Theatralia vereint Stücke ganz anderen Kalibers, wie etwa Bühnenentwürfe von Wassily Kandinsky oder George Grosz. Ein besonderes Schwergewicht ist der Nachlass des grandiosen Komikers Karl Valentin, der damals wegen mangelnden Interesses seiner Heimatstadt München den Weg nach Köln fand. Ab und an finden hier Ausstellungen statt, die einen kleinen Einblick in die reichhaltigen Bestände geben. Hauptsächlich dient die Sammlung aber der Forschung und Lehre.

Und während die Universität sonst eher unaufdringlich in die Stadt hineinwirkt, kann auf Schloss Wahn sogar geheiratet werden. Das ist zwar heute immer weniger ein Bund fürs Leben, aber im Sinne einer Bekräftigung kann das Ambiente des Gartensaals sehr wohl wirken.

Standort und Stehvermögen

Kölner Wirtschaft

Der Standort Köln profitiert von seiner verkehrsgünstigen Lage, auch wenn die Gunst den »Kollaps« nach sich zu ziehen droht. Zur Wirtschaftsgeschichte der Stadt gehört ihr Sowohl-als-auch, was den Finanzsektor (tendenziell Bestlage) und die Industrieproduktion (tendenziell rechtsrheinisch) angeht. Ganz stark in den Vordergrund hat sich der Zukunftsmarkt Neue Medien geschoben, er findet derzeit besondere Aufmerksamkeit.

Süßes Rohr und süße Rübe – ein Zuckerbaron und sein Erbe

Ursprünglich lag das Museum für Völkerkunde am Ubierring. Und an diesem, eben ursprünglichen Standort hat das stattliche Gebäude seinen Namen noch mehr verdient als an seiner heutigen Adresse. Es heißt außer nach (Wilhelm) Joest auch nach seinem Schwager (Eugen) Rautenstrauch. Letzterer war mit Wilhelms Schwester Adele verheiratet, Schwester und Schwager gaben das Geld für den Bau des Hauses. Den Grundstock zu dessen Sammlung aber hatte besagter Wilhelm Joest (1852–1897) geliefert, Angehöriger der gleichnamigen Zuckerdynastie. Allerdings einer, der vom Reichtum der Zuckersieder nur zehrte.

Wilhelm Joest.

163

Das Haus am Fuß des Ubierrings liegt in Hafennähe und damit nicht weit weg vom Holzmarkt. Hier hatte sich die Raffinerie Schimmelbusch & Joest früh etabliert. Ihr Gründer Carl Joest (1786–1847) gehörte zur »Bergischen Drift«. Aus dem Bergischen waren im 19. Jahrhundert etliche Unternehmer nach Köln gekommen und hatten bedeutenden Anteil am hiesigen Wirtschaftsaufschwung.

Im heimischen Solingen hatte Joest & Schimmelbusch Schneidwaren hergestellt, u. a. auch Macheten. Die Haumesser wurden nach Brasilien verschifft, wo sie bei der Zuckerrohrernte zum Einsatz kamen. Als Rückfracht kam das Zuckerrohr nach Europa. Zunächst überließ Joest die Ware anderen Abnehmern, aber es lag auf der Hand, das süße Rohr selbst zu verarbeiten. Das tat er mit Erfolg: Zwischen 1839 und 1842 war Carl Joest der größte Steuerzahler Kölns (und bei seinen Arbeitern nicht gerade wohlgelitten).

Enkel Wilhelm zog es hinaus in die Welt. Ausgedehnte Forschungsreisen führten ihn nach Asien, nach Süd- und Mittelamerika. Eben von seiner Frau geschieden, bricht er nach

Das alte Rauten-strauch-Joest-Museum am Ubierring.

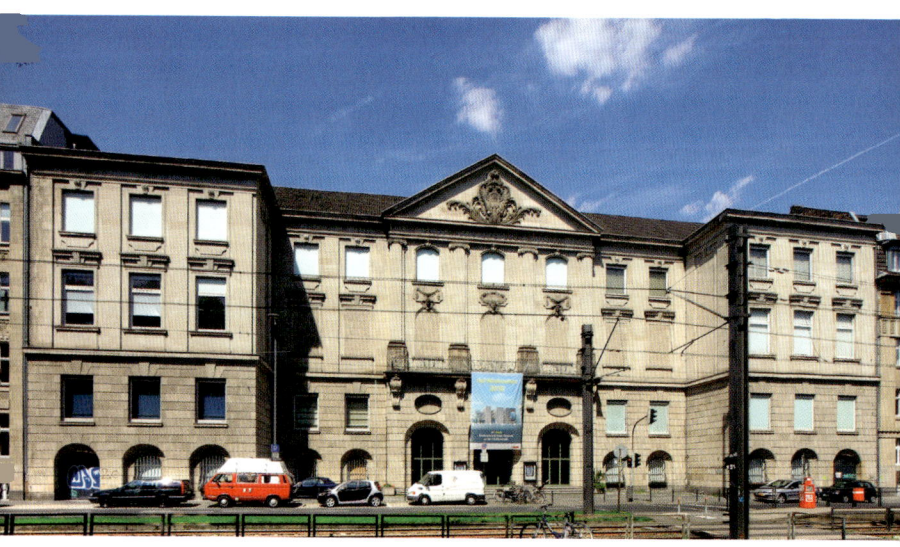

Australien auf, erkrankt in der Südsee an Tropenfieber und stirbt an Bord eines Schiffes. Begraben wird Joest auf Ureparapara, das heute zum Inselstaat Vanatu gehört.

1906 konnte das Museum am Ubierring eingeweiht werden. Nur ein Jahr später zog die Kölner Handelshochschule an die Claudiusstraße, also in unmittelbare Nähe. Diese Nachbarschaft lässt aufmerken. Die Handelshochschule legte besonderen Wert darauf, »dass die Kolonialfragen vor allem der aufstrebenden kaufmännischen Jugend verdeutlicht werden müssen«. Dass ein Völkerkunde-Museum den Handelshochschülern manchen Anschauungsunterricht bot, lässt sich denken. Und so schließt sich mit dem Ort auch ein Kreis, der über den Zucker, das klassische Konsumgut im Laden eines Kolonialwarenhändlers, zurück zu den bergischen Wurzeln führt.

Drachentattoo von Wilhelm Joest, gestochen von einem japanischen Meister.

Denn eine Solinger Fußnote gibt es obendrein. Hier wurden die Formen aus lackiertem Eisenblech hergestellt, eben die Hüte, in denen der Zucker auskristallisierte. Noch heute dienen zwei Zuckerhüte davon dem bekanntesten Kölner Hersteller als Logo – und sind zugleich eine neckische Anspielung auf die Doppelturmfassade des hiesigen Doms.

In Köln und um Köln herum – Verkehr und Verkehrsdichte

Mitten im Schlagwort »Verkehrsknotenpunkt« steckt der Knoten. Als Geschwindigkeitsmaß in der Seefahrt ist er mit 1,852 Kilometer pro Stunde definiert. Das erinnert stark an die Aussichten, während der Rushhour auf dem Autobahnring um Köln voranzukommen. Im Weichbild der Domtürme hält die A 3 mit der Berliner Stadtautobahn den bundesweiten Verkehrsdichte-Rekord …

Vom »eisernen Rhein« war schon die Rede (siehe S. 35), und die Geschichte vom »Verkehrskreuz des Westens« beginnt denn auch mit dem Zeitalter der Eisenbahn. 1843 wurde die Köln-Mindener Eisenbahn-Gesellschaft gegründet, am 20. Dezember 1845 der Abschnitt Deutz–Düsseldorf eingeweiht, schon gut sechs Wochen darauf konnte er bis nach Duisburg verlängert werden. Die Strecke gehört bis heute zu den meistbefahrenen der Republik. Was die kreuzungslosen Verkehrswege angeht, kann die Stadt sogar mit einem Superlativ aufwarten. 1932 nahm die älteste Autobahn Deutschlands von hier ihren Anfang, sie führte nach Bonn, wenn auch zunächst nur auf einer nur 20 km langen Teilstrecke.

Heute fehlt es dem Mantra von der »hervorragenden Verkehrsinfrastruktur« an magischer Kraft. Mit der vorsichtigen Formulierung, das Kölner Schienennetz sei »ein komplexes Gebilde«, nähern sich selbst die offiziellen Werbebroschüren der Wirklichkeit. Das Bild vom Autobahnring deutet schon eine gewisse Beengung an. Bleibt hinzuzufügen, dass alle Erweiterungen und Spangen des Problems nicht Herr geworden sind.

Der prekären Lage entsprechen imposante Zahlen. Beispielsweise die von den 135 000 Pendlern, die tagein, tagaus über die Hohenzollernbrücke fahren oder – noch spektakulärer – von den 54 Millionen, die jährlich im S-Bahn-Netz unterwegs sind. Rund 100 Millionen Fahrgäste nutzen den Hauptbahnhof. Gern folgt auf diese Mengenangabe der Hinweis, dass der größte europäischen Flughafen London-Heathrow da nicht mithalten kann.

Was dem einen seine Zugverspätung, ist dem anderen sein Stau. Auch in diesen Statistiken behaupten die Autobahnen um Köln eine Führungsrolle, bezogen auf den innerstädtischen Verkehr war Köln 2014 sogar Stauhauptstadt. Deshalb wundert nicht, dass in den heftig umstrittenen Vorschlägen, Autobahnen in öffentlich-privater Partnerschaft zu bauen oder auszu-

Nadelöhr Hauptbahnhof. ▶

bauen, auch der Name Köln auftaucht. Hier geht es um die sechsstreifige Erweiterung der A 57 auf dem Teilstück nach Moers.

Was aber lässt sich von folgendem Statistikschnipsel halten? Pro Tag werden Autos mit Kölner Kennzeichen eine Stunde bewegt, 23 Stunden sind sie geparkt. Jedenfalls sind auch die Bahnen der Kölner Verkehrsbetriebe KVB gut genutzt, sie befördern um die 27 Millionen Menschen im Jahr. Die werden nicht gezählt, nur ermittelt. Als ihre Zahl vor kurzem stagnierte, kam eine interessante Richtgröße zutage: Ein Indikator für die Fahrgastzahlen ist der Zahl der erwischten Schwarzfahrer. Wenn sie abnimmt, ist das schlecht fürs Geschäft.

Überhaupt steht in jüngster Zeit mehr der Schienen- als der Straßenverkehr im Fokus. Über die Notwendigkeit, die Bereiche Fern-, Nah- und Stadtschnellbahnverkehr zu entzerren, sind sich alle Akteure einig. Es gibt nicht einmal grundsätzliche Differenzen über die einzelnen Maßnahmen. Allen voran: den Bau eines neuen Bahnsteigs im Hauptbahnhof und in Köln Messe/Deutz für den S-Bahn-Verkehr.

Man muss nicht gleich mit der »Wirtschaftsregion Rheinland auf dem Abstellgleis« drohen. Die überragende Bedeutung Kölns als »Verkehrskreuz des Westens« tut es auch. Die hiesigen Probleme ärgern ja nicht nur die Pendler. Sie können leicht auf das gesamte Eisenbahnnetz durchschlagen.

Autostadt Köln

Ecke Johannisstraße/Servasgasse (Altstadt Nord) hing die eher unauffällige Tafel. Sie hielt in eigenwilligen Lettern fest, dass »an dieser Stelle Nikolaus August Otto [ ] und Eugen Langen die erste atmosphär(ische) Gasmaschine der Welt [schufen]«. Zusatz: »Diese schöpferische Tat war der Beginn für den Siegeszug des Verbrennungsmotors durch die Welt.«

»An dieser Stelle«: Lange hatte ihre Umgebung noch etwas von der charmanten Verwahrlosung eines Hinterhofs. Heute wird hier kräftig gebaut, die Gedenktafel ist jedenfalls einstweilen verschwunden, und überhaupt sieht es hier ziem-

lich anders aus als anno 1864. Aber schon damals stellte sich schnell heraus, dass die innerstädtische »Geburtsstätte« dem Platzbedarf eines Motorenwerks nicht mehr genügte.

Das Unternehmen zog auf die andere Rheinseite um, 1872 wird hier die Deutzer Gasmotorenfabrik in eine Aktiengesellschaft umgewandelt. 1876 werden an der Mülheimer Straße tatsächlich die weltweit ersten Viertaktmotoren hergestellt.

Und eine Zeitlang sah es so aus, als ginge die Entwicklung geradewegs in Richtung Autobau. Zwei klangvolle Namen heuern im Rechtsrheinischen an: Gottfried Daimler und Wilhelm Maybach, der erste Sohn des genialen Konstrukteurs Maybach kam noch in Deutz zur Welt. Aber beide scheiden nach kurzer Zeit wieder aus und gründen im Südwesten ihr eigenes Unternehmen.

Stattdessen baut man in Deutz ab 1892 Lokomotiven, erst 1970 wird diese Produktion auslaufen. Doch noch einmal werden die Weichen für den Autobau gestellt: Dafür kommt 1907 einer als Konstrukteur nach Deutz, der trotz seiner Jugend zu den Shootingstars der Branche zählt: Ettore Bugatti. Nur

169

runzeln die Kaufleute bald die Stirn: Der junge Mann lässt die Budget-Disziplin vermissen. Großzügig abgefunden, muss er nach zwei Jahren gehen.

So bleibt es zunächst bei der Motorenherstellung. Später werden Landmaschinen (1926–1995) und Nutzfahrzeuge (1936–1975) hinzukommen. Nach manchen Unternehmensmetamorphosen konzentriert man sich als Deutz AG heute wieder auf das historische Kerngeschäft: eben den Bau von Motoren. Und immer noch steht vor dem Deutzer Bahnhof das Modell eines Otto-, also Viertaktmotors. Es ist ein Denkmal, das über seinen Erinnerungswert hinausweist. In der Motorenwelt mit ihrem Hunger nach Neuerungen ist es eine Art Wunder, dass sich diese Erfindung aus dem industriezeitlichen Paläolithikum bis heute behauptet hat.

Ford Eifel, Baujahr 1938.

Schon Bugatti hatte den Auftrag, eine Fahrzeugproduktion in Serie zu entwickeln. Doch bis dahin dauerte es in Köln noch rund zwei Jahrzehnte. Meist wird die Zeitspanne etwas länger angesetzt, nämlich bis zur Produktion der ersten Fords. Doch vorher hatte hier schon Citroën Autos gebaut (außerdem LKWs und Omnibusse). Am Poller Holzweg konnte das französische Unternehmen Halle und Gelände einer ehemaligen Waggon- und Maschinenfabrik bezie-

hen, 1927 wurden
hier die ersten Wa-
gen montiert. In den
30er Jahren warben
die Franzosen mit Zu-
gehörigkeit: »alle Tei-
le deutsch, deutsche
Lieferanten«. Aller-
dings musste bereits
1935 die Fertigung
eingestellt werden.
Reparaturen wurden
noch bis 1940 durch-
geführt, dann annek-
tierten die Nazis Werk
und Werksgelände.

Der große Schub für die Autostadt Köln *Logo des Ford Taunus.*
sollte von jenseits des Atlantiks kommen. Zunächst war die deutsche Ford-Tochter (seit 1925) in Berlin
ansässig gewesen, sie musste zum Umzug nach Köln erst bewegt werden. Oberbürgermeister Konrad Adenauer gelang
es, Ford an den Rhein zu holen. Das weitläufige Gelände im
Stadtteil Niehl und in unmittelbarer Hafennähe bot alle Voraussetzungen auch für eine optimale Logistik.

Am 28. Oktober 1929 wurde der Vertrag, am 20. Januar
1930 der Geheimvertrag zwischen der Stadt und der Ford Motor Company unterzeichnet. Letztgenanntes Dokument hält
gleich im ersten Paragraphen fest: »Die Ford Motor Company
A.G. verpflichtet sich ferner, ihre Arbeiter und Angestellten tun-
lichst aus dem Stadtkreis Köln zu entnehmen«, um im zweiten
fortzufahren: »Mit Rücksicht hierauf und insbesondere auf
die eintretende Entlastung des Kölner Arbeitsmarktes und
des Wohlfahrts-Etats erhebt die Stadt Köln ihrerseits für je
1 000 000 Gewerbeertrag der Ford Motor Company A.G. eine
Gewerbeertragssteuer von 75 000.« Heutzutage nennt sich das
eine Win-win-Situation, aber mit Steuererleichterung ist dieses Entgegenkommen der Stadt nur unzureichend beschrieben.

Am 2. Oktober desselben Jahres wurde der Grundstein für
das Werk gelegt. Wegen der Weltwirtschaftskrise lag die Fer-

172

Ford-Entwicklungs-zentrum.

tigung erst einmal still, kaum dass (1931) die ersten Autos vom Band gelaufen waren. Doch wenige Wochen später konnte die Produktion wieder aufgenommen werden, reger Nachfrage erfreute sich ab 1935 der Ford Eifel. Ford Taunus hieß die meistgekaufte Marke der Nachkriegszeit, die Wagen hatten ein Logo, dass dem Kölner Stadtwappen hohen Tribut zollte.

Für das Jahr 1973 verzeichnet die Chronik eine deutschlandweite Premiere, den ersten wilden Streik türkischstämmiger Arbeitnehmer. Ihre Überlandfahrten durch das südöstliche Europa ließen sich beim besten Willen nicht zuverlässig planen, bis dato war eine verspätete Rückkehr immer geduldet worden. Nun hatten dreihundert Landsleute deswegen ihre Papiere bekommen. Der Streik gegen die Kündigungen blieb erfolglos.

Bis heute ist Köln-Niehl das Stammwerk von der deutschen Ford AG geblieben. Das ist keine Garantie für die Zukunft, andererseits sind es nur noch gut zehn Jahre bis zum Jahrhundert-Jubiläum.

Sogar Hauptstadt? – Medienstandort Köln

Niemand wird Köln einen Hang zu übertriebener Bescheidenheit unterstellen wollen. Dennoch kursiert der Vorwurf, aus ihrer Medienkompetenz mache die Stadt zu wenig. Demnach lässt sie vermissen, was gerade auf diesem Feld zwingend, also von Geschäfts wegen, dazugehört und ihr eigentlich über die Maßen liegen müsste: Selbstdarstellung. Erstaunlich, aber wahr: Der Medienstadt Köln fehlt es an Glamour …

Es ist kein nostalgischer Impuls oder unzeitgemäßer Anstand, mit den »alten« Medien anzufangen. Denn Buch- und Zeitschriftenverlage haben sich ja längst den neuen Medien geöffnet. Das Flaggschiff DuMont-Schauberg nennt sich nur noch selten Verlag, sondern meist Mediengruppe. Selbstverständlich hat sie eine Online-Redaktion, mischt beim lokalen Fernsehsender center.tv mit, außerdem hält sie eine Beteiligung an »Mediakraft Networks«, dem größten unter den deutschen You-tube-Netzwerken.

Immerhin geht es auch (noch?) darum, den heimischen Markt der Tageszeitungen zu beherrschen, mit einem Monopol lässt sich eben auch Politik machen. *Kölner Stadt-Anzeiger* und *Express* gehören zum Stammhaus, die *Kölnische Rundschau* ist in seinem Besitz. Dabei muss die Auflagenhöhe aller Blätter den ständig sinkenden Verkaufszahlen angepasst werden, beim *Express* sind die Leser-Verluste besonders groß. Die *Kölnische Rundschau* reagierte auf den Rückgang mit einer regionalen Kooperation. Sie lässt sich ihren Mantel vom *Bonner General-Anzeiger* zuliefern.

Von den Buchverlagen mit literarischem und/oder Kunst-Programm ist weiter unten die Rede (siehe S. 189). Bleibt anzumerken, dass es unter den über siebzig einzelnen Unternehmen einige durchaus umsatzstarke gibt, die aber nur in der Branche bekannt sind.

Oft haben die Verlage eine Ankerfunktion genauso wie der Westdeutsche Rundfunk und die RTL-Gruppe, der eine als größter Sen-

Neven-DuMont-Haus in Köln-Niehl.

der im öffentlich-rechtlichen Bereich, die andere als größte Medienmacht auf privatrechtlicher Seite. Der WDR-Hörfunk bietet ein breites Spektrum von sechs Programmen, zuweilen mit unbeholfenen Annäherungen an die »geänderten Hörgewohnheiten«. Der Fürsorge durch die Zeitgeistpolizei entzieht sich der Deutschlandfunk noch am beharrlichsten.

Für den Wirtschaftsstandort entscheidender sind WDR und RTL als Auftraggeber. Die vielen »Freien« oder halbfreien Mitarbeiter, die selbstständigen Produktionsfirmen bestreiten weite Strecken des Programms. Sie machen einen guten Teil der rund 54 000 Beschäftigten aus, die Kölns Industrie- und Handelskammer »im Kreativbereich« zählt. Unter welchen Bedingungen und zu welchen Honoraren sie arbeiten, ist nicht Sache der Statistik.

Den vielen Medienarbeitern entspricht ein breit gefächertes Angebot im Bereich Ausbildung. Es reicht vom Intermedia-Studiengang der Universität über die Qualifikation zum Online-Redakteur der Fachhochschule bis zu einem Abschluss an der Internationalen Filmschule Köln (ifs).

Und auch für die Akteure vor der Kamera ist Köln ein gutes Pflaster, Comedians wie Jan Böhmermann, Dave Davis, Carolin Kebekus und Bernd Stelter haben sich auf den hiesigen Kleinkunstbühnen ihre Sporen verdient. Apropos Stelter: Natürlich war bei dem einen oder anderen (prominentestes Beispiel: Marc Metzger) auch der Karneval Karriere-Sprungbrett. Beim Köln-Comedy-Festival empfehlen sich die Talente respektive Ausnahmetalente für ein breiteres Publikum.

Auch die Spiele-Branche ist in der Stadt stark vertreten. Fast von selbst versteht sich, dass die Gamescom, laut Eigenwerbung »größtes Event für Computer- und Videospiele«, in Köln stattfindet. Ein Besuch dieser Neuheiten-Messe lohnt sich schon deshalb, weil das Outfit der Spieler oft noch faszinierender ist als das Design der Spiele.

Muss noch angemerkt werden, dass Köln Zentrum der nordrhein-westfälischen You-Tuber-Szene ist? Mit dem »Web de Cologne« gibt es auch einen Zusammenschluss der Firmen, die im Internet unterwegs sind. Aber hier kommen und gehen neue Kanäle rasend schnell, oft endet als Bettvorleger, wer als Tiger springt. Damit gestalten sich auch die ökonomischen Verhältnisse ziemlich unübersichtlich. Denn diese Unternehmungen spielen über Bande. Sie halten sich nur, wenn sie für die Werbung interessant sind.

Außerdem wirkt hier eine »digital gap«, jedenfalls nach Aussage der oft bedeutend älteren Macher liegt diese Kluft bei 25 Jahren. Auf Deutsch: Wer die magische Vierteljahrhundertgrenze überschritten hat, den trennen Welten von dem, was darunter angesagt ist. Der Autor wundert sich ein wenig: Den weiten Umkreis seiner Tochter im eigentlich korrekten Alter lässt es völlig kalt, was »Bibi« oder »Daruum« zum korrekten Sitz des Lidstrichs empfehlen. Aber natürlich will er gegen »millionenfache Klicks« nicht anstinken.

Kommen wir wieder auf den halbwegs sicheren Boden. Köln erhebt Anspruch auf den Titel Digitalhauptstadt, vorläufig noch der Bundesrepublik. Das beherzigt sogar die reichlich geprügelte Stadtverwaltung und pflegt eine »digitale Willkommenskultur«. Zu den Schlägen ins Kontor gehörte allerdings, dass der »Deutsche Fernsehpreis« baden ging, also das Highlight der Branche und eben auch der Impuls für den Glamour-Fak-

Eingang zur Gamescom 2015.

tor. Die Verleihung fand jedes Jahr im Kölner Coloneum statt und wurde von »den Öffentlich-Rechtlichen« jedes Mal zur besten Sendezeit ins Programm gehievt. »Die Privaten« hatten ohnehin kein so brennendes Interesse an diesem Ballyhoo, weil sie sich bei den Auszeichnungen zu wenig berücksichtigt sahen.

Nachdem die Veranstaltung zunächst sang- und klanglos sterben sollte, wird sie jetzt im kleineren Rahmen, sprich ohne Übertragung im Fernsehen stattfinden. Aber eben nicht in Köln, sondern – in Düsseldorf. Das ist aus Sicht der Oberlieger-Stadt nicht einmal eine Beerdigung zweiter Klasse.

Aber so darf dieses Kapitel nicht enden. Tut es auch nicht, und der Dank geht an die »Akademie der Künste der Welt«. Das ist ungeachtet des doppelten Genitivs doch ein Titel, der zu den Kölner Ambitionen passt. Die Akademie versteht sich als weltweit, also auch digital vernetzte »Künstlergesellschaft«. Sie will, ausdrücklich mit den Mitteln der Kunst, die »globalen Themen« angehen. Das ambitionierte Unternehmen hat seinen Sitz in der Migrantenstadt Köln. Gründungsmitglied ist der vielfach ausgezeichnete Weltbürger und bekennende Kölner Navid Kermani (geb. 1967). 2015 erhielt er den »Friedenspreis des deutschen Buchhandels«, auch als solcher schlägt er die Brücke zum nächsten Kapitel.

Akademie der Künste
der Welt im MediaPark. ▶

Weitgefächert

Köln und die Künste

Eine prosperierende Stadt mit gut betuchten Bürgern schafft gute Voraussetzungen für die Künste. Im Nachkriegs-Deutschland war Köln ein Zentrum der Avantgarde, Fluxus und elektronische Musik inbegriffen. Heute greift der immer längere Schatten Berlins nach ihr. Eine lebendige Szene hat sie dennoch.

Richter gegen Lüpertz – gegenwärtige Glasmalerei im Dom und in St. Andreas

Es gibt nicht viele Möglichkeiten, zwei Exponenten zeitgenössischer Kunst außerhalb der Museen und doch auf so kurze Entfernung miteinander zu vergleichen. Der Vergleich reizt auch deshalb, weil sich beide im selben Genre, nämlich der Glasmalerei, begegnen. Sie stand lange hinter anderen Gattungen zurück, wird aber neuerdings von renommierten Künstlern (u. a. Sigmar Polke, Neo Rauch) wiederentdeckt.

Gerhard Richter (geb. 1932) schuf das Fassadenfenster im südlichen Querhaus des Doms, Markus Lüpertz (Jg. 1941) die Fenster für die Nord- und Südkonche der Kirche St. Andreas (siehe S. 114), die nur wenige hundert Meter weiter westlich liegt.

Anfangs war für die 106 Quadratmeter des Domfensters eine ganz andere Gestaltung ins Auge gefasst worden, hier sollten Märtyrer aus der Zeit des Nationalsozialismus geehrt werden. Zur Überraschung nicht weniger Zeitgenossen (und vielleicht auch zu seiner eigenen?) entschied sich das Domkapitel für den Entwurf Gerhard Richters. Sein Vorschlag bedeutete nicht nur die Abkehr vom ursprünglichen Sujet, sondern auch einen radikalen Bruch mit der vertrauten Bildtradition.

Lichteinfall durch das Richter-Fenster im Dom. ▶

Die 11 263 Quadrate von 9,6 Zentimeter Kantenlänge umfassen 72 Farbtöne, die sich an den Fenstern der Kathedrale orientieren. Ihre Anordnung nimmt Rücksicht auf die verschiedenen Fensterzonen, verdankt sich innerhalb dieses Rahmens aber der Auswahl eines Computerprogramms. Bei der gerasterten Vielfalt und Vielzahl fällt jedenfalls nicht sofort auf, dass sich die sechs Bahnen in bestimmter Weise wiederholen. Die chornächste Bahn 1 entspricht spiegelbildlich Bahn 3, Bahn 2 Bahn 5 und Bahn 4 der Bahn 6.

Keine Schwarzlotzeichnung, keine Bleistege beeinträchtigen die Geltung der Quadrate, die nur mit einer dünnen Silikonfuge untereinander verbunden sind. Nichts stört, geschweige denn verdunkelt die einzelnen, intensiven Farben des (mundgeblasenen) Antikglases, und allein das Licht führt Regie.

Die Fenster von Markus Lüpertz sind dagegen von expressiver Farbigkeit und Zeichnung. Die Malerei ist ins dicke, kompakte Glas eingebrannt, die Technik der Bleiverglasung stellt sich in die Tradition. Das ikonographische Programm in der südlichen Konche bezieht sich ausdrücklich auf den dort aufgestellten Machabäer-Schrein (siehe S. 78 f.). Wie das spätgotische Reliquiengehäuse zeigen die Fenster Szenen aus dem Martyrium der jüdischen Brüder (unterer Bereich) und aus der Leidensgeschichte Jesu (oben). Bei aller Freiheit der Darstellung hielt sich Lüpertz hier an die Vorgaben des Dominikaner-Konvents von St. Andreas und der Gemeinde.

Auch bei Lüpertz' Fensterentwürfen spielt die Farbigkeit eine große Rolle. Bevorzugt wird das krassere Kolorit, und auch die florale Ornamentik steht unter dem Horizont des expressiven Gestus. Ihm entspricht die durchaus ungeschönte Veranschaulichung blutzeugenschaftlicher Einzelheiten. Aber dazu muss der Betrachter schon sehr genau hinschauen und die fragmentierten Inhalte im Kopf zusammensetzen.

Beim Vergleich der beiden ganz unterschiedlichen Kompositionen muss von ihren ganz unterschiedlichen Standorten ausgegangen werden. Das Domfenster hat ein riesiges Format. Seine Bildidee reflektiert diese Größe. Das Richter'sche Quadrateraster hätte im intimen Raum der St.-Andreas-Konchen mit ihren wesent-

Lüpertz-Fenster in St. Andreas. ▶

183

lich kleineren Fenstern nicht gewirkt. Hier eröffnet die Nähe des Betrachters zum Objekt die Möglichkeit, eine bildkomplexe Aussage nachzuvollziehen.

Die Resonanz auf die beiden Werke stand im umgekehrten Verhältnis zur (öffentlichen) Wahrnehmung ihrer Urheber. Das Fenster des eher scheuen Gerhard Richter erregte ein gewaltiges Für und Wider, die Entwürfe des exzentrischen Markus Lüpertz stießen auf vernehmliches Wohlwollen. Das Farbraster im Dom empörte vor allem einen: den damaligen Kardinal Joachim Meisner, den gehätschelten Feind der linken Szene. Ihm ging die provokante Aussageverweigerung entschieden gegen den Strich. Dagegen urteilte er über die Lüpertz-Fenster: »Das heilige Köln ist nun um ein Heiligtum reicher.«

Literaturstadt Köln

Kölns kleine Helfer – die Heinzelmännchen

Ausgerechnet ein Auswärtiger schrieb das populärste Stück Köln-Literatur: 1836 (!) erschienen Die Heinzelmännchen zu Köln *des gebürtigen Breslauers August Kopisch (1799–1853). Seine Verse sind bis heute so populär, dass ihre Bekanntheit die literarischen Qualitäten eher verdunkelt als ins rechte Licht setzt. Außerdem berufen sich die Köln-Verleumder nur zu gern auf die Kopisch-Ballade. Arbeitsscheu gehöre eben seit eh und je zu den stärksten Charakterzügen der Domstädter.*

Insofern könne die emsige Nachwelt den krassen Fall weiblicher (!) Neugier nur begrüßen oder wenigstens mit innerer Befriedigung zur Kenntnis nehmen. Schließlich sei es »des Schneiders Weib« gewesen, das die Heinzelmännchen vertrieben und damit ihre Mitbürger zu halbwegs seriöser Erwerbsarbeit gezwungen habe. – Über dieser Lesart wird Kopischs souveräne Reimkunst, wird die virtuose Geschmeidigkeit seiner Verse gern vergessen. Und ihre Ironie schnell überlesen: Etwa wenn sich die Heinzelmännchen anstelle des Küfers am Wein zu schaffen machen »und gossen und panschten / und mengten und manschten«. Im Übrigen aber ist das Buch auch eine Hommage an die alten, zünftischen Handwerke, deren Andenken nirgendwo sonst derart lebendig bewahrt blieb.

Anfangen lässt sich nur mit einem: Nobelpreisträger Heinrich Böll (1917–1985) gilt als der Kölner Autor schlechthin und das nicht nur wegen seiner Literatur, sondern auch wegen seines zivilgesellschaftlichen Engagements.

Detail vom Kölner Heinzelmännchenbrunnen.

Der Schauplatz seines posthum veröffentlichten Erstlings *Der Engel schwieg* ist die kriegszerstörte Heimatstadt. Bölls meistgelesener Roman *Ansichten eines Clowns* (1963 in Buchform veröffentlicht, 1975 verfilmt, neuerdings auch für die Bühne bearbeitet) spielt in der Nachbarschaft. Die literarische Auseinandersetzung mit den Eliten der Bonner Republik stellt die Katholische Kirche ins Zentrum, genauer das fraglose Einverständnis zwischen ihren Repräsentanten und den Mächtigen. Opfer ist die Hauptfigur, der Pantomime (Clown) Hans Schnier. Am Ende hockt er auf den Stufen des Bonner Haupt-

185

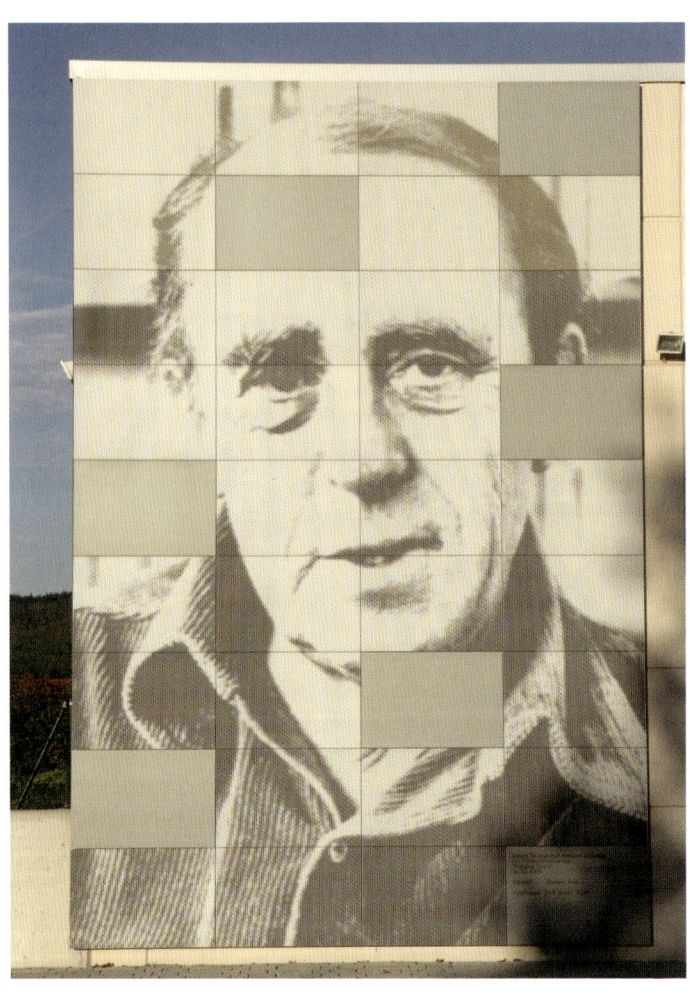

Heinrich Böll (1917–1985), leicht verfremdet. Vectogramm an der Heinrich-Böll-Schule in Fürth (Odenwald).

bahnhofs und stimmt eine böse Litanei an: »Der arme Papst Johannes hört nicht die CDU, er ist nicht Müllers Esel, er will nicht Müllers Kuh.«

Schon die Kontroverse um die *Ansichten* reichte weit übers Feuilleton hinaus. Dort stieß auch Bölls *Gruppenbild mit Dame* nicht auf einhelliges Lob, doch 1972 begründete die schwedische Nobelpreis-Akademie ihre Entscheidung für den Autor mit dem ausdrücklichen Hinweis gerade auf diesen Roman.

Die selektive Wahrnehmung Bölls als eines politischen Schriftstellers sollte sich in den folgenden Jahren noch verstärken. Die Rezensenten seiner Erzählungen *Die verlorene Ehre der Katharina Blum* (1974) und *Fürsorgliche Belagerung* (1979) erörterten kaum mehr deren literarische Qualität. Stattdessen standen die Überzeugungen des Autors im Fokus. »Sympathisant des Terrors« nannten ihn rechte Medien: In *Katharina Blum* hatte er die Verwahrlosung des Boulevard-Journalismus angeprangert. Heute stehen Bölls erzählerische Qualitäten wieder mehr im Vordergrund, und mit seinem vorbildlichen sozialen Engagement gehört der Kölner Ehrenbürger (seit 1982) ohnehin zu den Lichtgestalten der Bonner Republik.

Als Antipode zum Schriftsteller Heinrich Böll kann Rolf-Dieter Brinkmann (1940–1975) gelten. Bei seinen öffentlichen Auftritten gab er das Enfant terrible, Schmähungen des Gegenübers waren obligat. Selbstverständlich gehörte auch »Literaturpapst« Marcel Reich-Ranicki zu den wüst Beschimpften, doch der hatte die Größe, hinter der Hass-Suada des Autors dessen Hilf- und Ratlosigkeit wahrzunehmen.

Die Gedenkartikel zu seinem 50. Todestag 2015 feierten Brinkmann als »Erneuerer« der deutschen Lyrik und Prosa, schon zu Lebzeiten stand der ästhetische Rang seines Werks außer Frage. Brinkmann war Avantgarde, er hielt auf Augenhöhe mit dem amerikanischen Beat-Poetry und der Pop-Literatur. Ganz in deren Sinn verstand er seine Lyrik als Gegen-Gedichte, »gegen Gedichte als elitäre Kunst-Produkte«.

Eng mit Köln verbunden sind Dieter Wellershoff (geb. 1925) und Jürgen Becker (geb. 1932, gemeint ist der Schriftsteller, nicht der Spaßmacher gleichen Namens). Wellershoffs Essay-Band *Pan und die Engel* hat den Untertitel »Ansichten von Köln«, er verbindet nach wie vor Stadterkundung und Leseerlebnis. Becker, 2014 mit dem bedeutendsten Literaturpreis im deutschen Sprachraum ausgezeichnet, nähert sich Köln von den Rändern her, gerne vom Bergischen Land,

◆ *Jürgen Becker (geb. 1932). Dieter Wellershoff (geb. 1925).*

wo er einen weiteren Wohnsitz hat. Unbefangenheit und Weite des Blicks gehen einher mit der Offenheit der literarischen Form. Beckers unaufgeregte Sprache ist ein präzises Werkzeug, um aus der Topographie das Gedächtnis einer (Stadt-)Landschaft herauszulesen.

Ein Namedropping ist der peinlichste Fall von Verlegenheitslösung. Der Roman *Das kunstseidene Mädchen* von Irmgard Keun (1905–1982) gilt als Hauptwerk der Neuen Sachlichkeit und ist heute wieder ein abiturrelevanter Text. Dieter Kühn (1935–2015) war ein vielseitiger Autor, breite Aufmerksamkeit fanden seine Auseinandersetzungen mit historischen Sujets, etwa dem Leben des spätmittelalterlichen Poeten Oswald von Wolkenstein. Und obwohl Albrecht Fabri (1911–1998) hier geboren und gestorben ist, können nur wenige Kölner etwas mit seinem Namen anfangen. Das liegt nicht am Untergang des Stadtarchivs (siehe S. 236 f.), das seinen Nachlass erhalten hatte. Kunstkritiker, der Fabri im Brotberuf war, wirken selten über die eigene Lebenszeit hinaus, aber er war eben weit mehr als das: Sein Metier war der Essay. Über seine erheblichen sprachlichen Mittel verfügte er souverän, wer sich seinem Spür- und Scharfsinn anvertraut, darf seinerseits darauf vertrauen, selbst scheinbare Fingerübungen dieses Autors mit Gewinn zu lesen.

Natürlich hat die Stadt zahlreiche Auftritte in Romanen und Gedichten, manche werden auf diesen Seiten erwähnt. Wichtige Literatur-Verlage (allen voran Kiepenheuer & Witsch) sind hier ansässig, die »lit.Cologne« ist ein ausgesprochen gut besuchtes Literaturfest und auch das Literaturhaus eine feste Größe. Derzeit bemüht sich eine Initiative um die Gründung eines Kölner Literaturinstituts, es soll ein Pendant zum

Denkmalgeschütztes Wohnhaus Großer Griechenmarkt 37–39. Das Literaturhaus Köln e. V. hat dort seinen Sitz.

Leipziger werden, aus dem namhafte Autoren hervorgegangen sind. Seine Einrichtung würde der Literaturstadt Köln noch mehr Profil verleihen.

Kölner Museumssplitter

Schnütgen, Wallraf-Richartz, Rautenstrauch-Joest: Die Familien- in den Museumsnamen deuten schon daraufhin: Es waren immer wieder Bürger dieser Stadt, die sich um ihre großen Museen in außerordentlicher Weise verdient gemacht haben. Verdient gemacht nicht nur um die Sammlungen, sondern auch um die Museumsbauten. Und ja, auch »das ist Köln« ...

Nicht immer waren oder blieben die Beziehungen der Stifter zur Stadt ungetrübt. Im Fall des Stadtmuseums wollte ein potentieller Wohltäter partout seinen Architekten für einen An- und Umbau durchsetzen, von solch drakonischer Großherzigkeit hat die Kommunalpolitik dann doch Abstand genommen.

Ohne Frage hat das **Stadtmuseum** mit dem um 1600 erbauten Zeughaus eine authentische Bleibe. Aber was nützt die ehrwürdigste Hülle, wenn sie die Bewegungsfreiheit derart einschränkt? Das ganze Panorama Kölner urbanen Lebens kann das Museum in seinen Räumen längst nicht mehr abbilden. Doch nun zeichnet sich allen Ernstes die Möglichkeit eines neuen Standorts ab. Danach läge das Stadtmuseum an der Südseite des Roncalliplatzes – und näher an den Kölnbesucher-Strömen.

In einem Stadtmuseum haben auch und gerade die weniger spektakulären Exponate das Zeug, eine Schneise in die Stadtgeschichte zu schlagen. Nur ein Beispiel: das Sterbebild von Hartger Henot (1571–1637). Sein Maler ist unbekannt und zu den Perlen seiner Gattung zählt es sicher nicht. Doch schon der Bildtitel-Zusatz »und die Apokalyptischen Reiter« weist über den Porträtierten hinaus. Erwartungsgemäß streckt der Engel hinter ihm den rechten Arm gen Himmel. Seine linke Hand aber deutet auf den irdischen Mord- und Totschlag darunter, wo auch Papstkrone und Bischofsstab wie Sperrmüll beieinanderliegen. Wohlgemerkt: Es geht hier nicht einfach um das Elend des Dreißigjährigen Krieges. Hartger Henot war der Bruder Katharina Henots. Sie wurde als Hexe verbrannt, obwohl das selbst nach der damaligen hanebüchenen Rechtspraxis nie hätte geschehen dürfen. Vergeblich hatte sich Hartger für seine Schwester eingesetzt.

Stadtmuseum im historischen Zeughaus, mit dem Flügelauto von HA Schult.

191

Römisch Germanisches Museum Köln und Domplatte/Roncalli-platz.

Er geriet selbst in die Fänge der Inquisition, wenn er auch dem Feuertod entkam.

Dabei war er nicht irgendwer, sondern als Mitglied des Domkapitels, kaiserlicher und kurfürstlicher Rat und päpstlicher Pronotar eine hoch geachtete Persönlichkeit. Er starb zehn Jahre nach seiner Schwester; kaum anzunehmen, dass Hartger Henot das Zeitliche gesegnet hat.

Auch das **Römisch-Germanische Museum** hat enge Beziehung zu Köln als Hauptstadt der römischen Provinz Niedergermanien. Schon vom Roncalliplatz aus erlaubt das große Panoramafenster einen Blick auf seine beiden Vorzeigestücke. Ausgerechnet beim Bau eines Luftschutzbunkers

Römisch-Germanisches Museum, Dionysos-Mosaik.

kam 1941 das Dionysos-Mosaik zutage. Es gehörte zu einem Haus mit Innenhof und Säulenumgang, also einem ganz auf das mediterrane Klima abgestimmten Gebäudetyp. Der knapp 75 Quadratmeter große, um 220 geschaffene Mosaik-Fußboden schmückte den Speiseraum. Er sollte zur Keimzelle des Museums werden, das über ihm entstand.

Im Mittelpunkt steht, besser schwankt der schwer bezechte Gott. Er sucht an einem Satyr Halt, der ebenso zum Tross des Dionysos gehört wie der Hirtengott Pan (hier mit der nach ihm benannten Flöte) und die (weiblichen) Mänaden. Ein weiterer Satyr führt einen Ziegenbock an der Leine, der sich ohne Weiteres als Urahn des FC-Maskottchens (»Hennes«) *Römisch-Germanisches Museum, Statue im Grabmal des Poblicius.*

identifizieren lässt. Alle diese Gestalten verkörpern die sinnlichen Freuden, in deren Umkreis auch Amor nicht fehlen darf. Am Rand finden sich etliche Leckerbissen, die auf den Standort verweisen. Ein hübsches, erzählerisches Detail ist der Hund, er spitzt hier offenbar auf einen Knochen.

Es gibt eine interessante Korrespondenz zwischen Mosaik und dem Grabturm dahinter. Auch die Reliefs an den Seitenwangen seines Aufbaus zeigen Mänaden und Satyrn, zwei sogar den Gott Pan, hier bocksfüßig und mit Hörnern. Dass die Dionysos-Trabanten an dieser Stelle auftauchen, mag überraschen. Aber er ist eben nicht nur ein Gott der Ekstase. Als Dionysos-Zagreus, der zuerst zerstückelt und anschließend wieder zum Leben erweckt wurde, verkörpert er Tod und Auferstehung.

Das Poblicius-Grabmal (um 40 entstanden) wurde großenteils 1965 und knapp hinter dem Severinstor gefunden, also anderthalb Kilometer jenseits des römerstädtischen Südtors an der Ausfallstraße nach Bonn. Es misst in seiner heutigen Gestalt über 14 Meter. Auf den hohen Sockel folgt eine tempelähnliche Scheinarchitektur, ihre drei Nischen zwischen den gerieften Säulen haben die mehr oder weniger gut erhaltenen Statuen von drei Verstorbenen aufgenommen. Auch das markante Dach mit seiner lang ausgezogenen Spitze ist aufwendig gearbeitet. Bekrönt wird es von der Figur des Aeneas, der seinen Vater Anchises aus dem brennenden Troja trägt. Die römische Tradition sah im sagenhaften Trojaner den Stammvater des eigenen Volkes. Mit diesem Aeneas betont der Verstorbene seine Zugehörigkeit zur Kernethnie des Imperiums, mochte er auch fern der italischen Heimat bestattet sein.

Was die korrekte Rekonstruktion des Grabmals angeht, ist das letzte Wort noch nicht gesprochen. Und wer war eigentlich dieser Poblicius? Auch dazu eröffnet sich eine neue Perspektive. Um ein derart prächtiges Totengedenken zu finanzieren, muss er über beachtliche Mittel verfügt haben. Zu seinem Reichtum kann der Veteran erst nach beendetem Militärdienst gekommen sein, wahrscheinlich als Veranstalter von Zirkusspielen, vor allem von Gladiatorenkämpfen.

Christus als Prügelknabe – Max Ernst, »Die Jungfrau züchtigt das Jesuskind vor drei Zeugen« im Museum Ludwig

Kölns Museen zeigen eine Vielzahl von Marienbildern, mit der »Madonna in der Rosenlaube« (Wallraf-Richartz) und der »Madonna mit dem Veilchen« (Kolumba, siehe S. 200) sind auch zwei Gottesmütter von der Hand Stephan Lochners vertreten. Zur Mutter gehört meist das Kind, gewöhnlich sitzt der Kleine in seiner ganzen unschuldigen Nacktheit auf dem Arm oder dem Schoß Mariens. Besonders innig finden die beiden auf einem Bild im Wallraf-Richartz-Museum zusammen, das Julius Schnorr von Carolsfeld 1820 geschaffen hat.

Das Gemälde von Max Ernst (1891–1976) hat den Titel »Die Jungfrau züchtigt das Jesuskind vor drei Zeugen« und fällt entschieden aus dem Rahmen: Die Muttergottes als praktizierende Anhängerin der Prügelpädagogik machte Skandal. Im Dezember 1926 sollte das großformatige Werk in einer Ausstellung Kölner Progressiver zu sehen sein, aber es verschwindet, ehe sich ein Publikum erregen kann. Sogar aus dem Katalog wird diese »Jungfrau« verbannt. Fleißige Hände reißen die Seite heraus.

Die antiklerikale Kundgebung hat einen biographischen Hintergrund. Der malerisch begabte, fromme Vater Philipp stellte seinen Sohn Max als Jesuskind dar, trotz solcher Stilisierung sei er, so Max Ernst, eben auch von seiner Mutter »versohlt« worden. Übrigens hat der französische Titel statt des Verbs »züchtigt« das Partizip »corrigeant«. Das zugehörige Verb hat die Hauptbedeutung »verbessern«. Es spielt damit sehr viel deutlicher auf die pädagogische Absicht an: Die Schläge sollen den Geschlagenen besser machen.

Max, im nahen Brühl geboren, war Gründungsmitglied der Kölner Dadaisten und schon während der Kölner Zeit mit seiner Kunst so unangenehm aufgefallen, dass sich der Vater von ihm abgewandt hatte. Auch im Fall der handgreiflichen Maria hatte er wieder einmal den Bürgerschreck gegeben. Allerdings wurde Max Ernst nicht vom Erzbischof exkommuniziert, wie er später keineswegs ohne Koketterie behauptete.

197

Anstößig wirkt zuallererst das Sujet selbst. Die Heilige trägt zwar die aus vielen Darstellungen vertraute blau-rote Gewandung. Doch der Dresscode verstärkt nur, dass sie den Erwartungen an die Gottesmutter völlig zuwiderhandelt. Von Sanftheit und Milde, von »Holdseligkeit« keine, diese Maria ist nur gewalttätig. Da rutscht ja nicht »mal eben« die Hand aus, vielmehr zeugt das gerötete Hinterteil des Gezüchtigten von etlichen Schlägen zuvor. Das nackte Jesuskind liegt über dem Schoß der Gottesmutter wie auf einer Schlachtbank. Nacktheit bedeutet hier Ausgeliefertsein, die Bestrafung hat den Charakter einer Exekution. Schon darin liegt (besser lag) eine Provokation, besondere Empörung löste damals aus, dass der Heiligenschein – offenbar infolge der Schlagwirkung – zu Boden gekollert war, als sei er ein beliebiger Kopfputz.

Max Ernst, »Die Jungfrau züchtigt das Jesuskind vor drei Zeugen« (1926). ▶

Als er das Bild malte, lebte Max Ernst schon vier Jahre in Paris. Die Szene spielt in einer Architektur, die offensichtlich eine Hommage an Giorgio de Chirico ist. Im Fenster zeigen sich dicht beieinander die Köpfe der drei »Zeugen«, neben dem Maler selbst sind das die beiden Surrealisten-Freunde André Breton und Paul Éluard. Die Anordnung lässt an die »Susanna im Bade«, ein berühmtes Sujet der Kunstgeschichte denken, vor allem an die lüsternen Greise, die es nicht beim Beobachten lassen wollen.

Das Interesse dieser Drei an der Bestrafung scheint jedoch gering. Zu umso mehr Aufmerksamkeit sieht sich der Betrachter herausgefordert. Die Provokation verfängt heute nicht mehr so, aber für rheinische Kabarettisten hat das Bild immer noch genug gotteslästerliches Potential, um damit die kirchlichen Würdenträger ein wenig zu ärgern. Populär ist das Bild immer noch, auch dank der leichten Verständlichkeit. Heute könnte seine amüsante Note stärker zum Tragen kommen – wäre nicht die »Züchtigung« immer noch im Schwang.

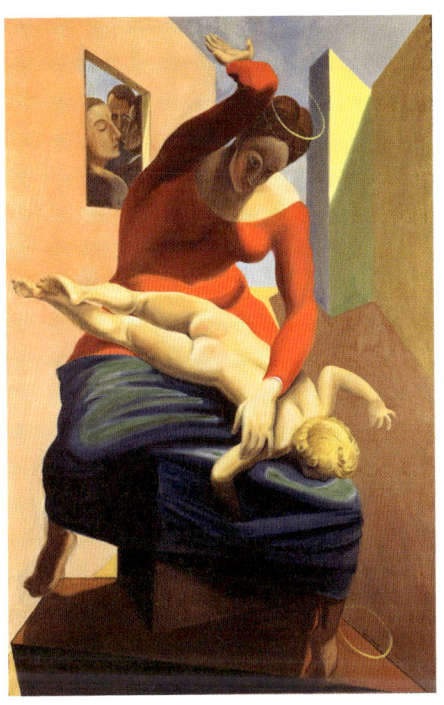

Die Kunst und ihr Gehäuse –
Kölner Museumsbauten und
ihre Sammlungen

Natürlich gibt es die Kirchen und ihre Ausstattungen. Doch die Kölner Kunst des Mittelalters hat attraktive außerkirchliche Standorte. Und sollte sich jemand auf die museale Präsentation dieser Kunst beschränken wollen, selbst dann müsste er der Vollständigkeit halber vier Häuser besuchen: Schnütgen, Wallraf-Richartz, Kolumba und das Museum für Angewandte Kunst. Wobei das Angebot im Fall der drei letztgenannten sowohl über das Mittelalter hinausreicht als auch in einer Architektur von avancierter Zeitgenossenschaft präsentiert wird.

Am entschiedensten verkörpert **Kolumba** diesen Zusammenhang. Einerseits um- und übergreift das Kunstmuseum des Erzbistums Köln die Ruinen der kriegszerstörten Kirche St. Kolumba wie die Gottfried-Böhm-Kapelle »Madonna in den Trümmern«, andererseits ist Peter Zumthors Kolumba ein Bau, der heute noch die kritischen Geister in Enthusiasten und Skeptiker teilt. Mit seinen Inszenierungen sucht das Museum den Dialog zwischen den alten Schätzen der Sammlung (darunter Stephan Lochners Veilchenmadonna) und der Gegenwartskunst. Dabei verzichtet es auf die Einteilung von Dauer- und Wechselausstellung, sondern konzentriert sich Jahr für Jahr auf jeweils ein Thema, das dem Bestand immer neue Facetten abgewinnt.

Ein wichtiger Bau der Nachkriegsmoderne ist das heutige **Museum für Angewandte Kunst**. Es entstand nach einem Entwurf von Rudolf Schwarz (1897–1961). Dessen Werk, vor allem seine Kirchenbauten, erfuhren erst spät die gebührende Würdigung, über die einzelnen Objekte hinaus war Schwarz am Wiederaufbau der völlig zerstörten Stadt wesentlich beteiligt.

Museum Kolumba, Stephan Lochner, »Madonna mit dem Veilchen« (vor 1450).

Der weite Fächer dieses Museums, seiner Kunst, an die manche hartnäckig das despektierliche »-gewerbe« hängen, reicht vom Schmuck über Möbel bis zum Oldtimer. Zugleich reichen seine Sammlungen

tief in die Vergangenheit, im Fall der Schmucksammlung sogar 5 000 Jahre. Einen besonderen Schwerpunkt setzt das Haus in der Sparte Design. Mit Ausstellungen wie der zu Wilhelm Riphahn (siehe S. 208 f.) hat es sich auch im Bereich Architektur profiliert.

Die Skulpturen zweier Stifter vor dem Gebäude schuf Wilhelm Albermann, es sind keine Stand-, sondern Sitzbilder. Sie weisen bis heute darauf hin, dass hier einst das Wallraf-Richartz-Museum zu Hause war. Über einige Jahre hat es sich die Räumlichkeiten auch mit dem Museum Ludwig geteilt. Beide zogen 1986 in den domnahen Bau der Architekten Peter Busmann und Godfrid Haberer ein, dessen beachtliches Volumen auch Platz für die Philharmonie als Konzertsaal bot. Mit seinen Sheddächern wurde er zu einem Markenzeichen der Stadt. 1994 wurde die Trennung der beiden Museen beschlossen, die Sammlungen des **Museums Ludwig** nehmen seit 2001 das ganze Haus ein.

Es gibt eine schöne Verbindung zwischen den Namensgebern Ludwig und dem Sammlungsfundament des Museums. Als der Kölner Anwalt Josef Haubrich (1889–1961) in der Kölner Universität seine Expressionisten zeigte, war auch der Student Peter Ludwig (1925–1996) unter den Besuchern. Für ihn waren diese Bilder ein starker Impuls, selbst moderne Kunst zu sammeln. Die eminente Sammlung Haubrichs wird heute zwar hymnisch gelobt, der Sammler jedoch steht im Schatten der Namensgeber. Sie wussten ihre Interessen äußerst robust durchzusetzen, auch die Kölner Stadtgewaltigen setzten sie in Zugzwang.

Die Mitgift des Ehepaars Ludwig fürs Museum bestand vor allem aus prägnanten Werken der russischen Avantgarde, einem großartigen Konvolut amerikanischer Pop Art und vielen Picassos. Mit ihnen stieg Köln zum weltweit drittgrößten Picasso-Hort auf, in ihrer Qualität ist die Sammlung allerdings nicht unumstritten. Insgesamt gehört das Ludwig zu den wichtigsten Museen für die Kunst des 20./21. Jahrhunderts. Und mit den Gemälden der Kölner Progressiven aus den 20er und 30er Jahren oder den großen Arbeiten (des seit 1983 hier ansässigen) Gerhard Richters und dem Werk Sigmar Polkes (1941–

Museum für Ange-wandte Kunst.◄ ►
Museum Ludwig.►

2010) wahrt »das Ludwig« auch manchen unmittelbaren Köln-Bezug.

2001 siedelte das **Wallraf-Richartz-Museum** in den kubisch-strengen Bau von Oswald Mathias Ungers (1926–2007) über. Von besonderem Interesse ist hier sein großer

Rautenstrauch-Joest-Museum, Reisspeicher aus Indonesien im Foyer.

Bestand mittelalterlicher Malerei, die zwischen 1300 und 1500 in Köln geschaffen wurde. Die erwähnte »Muttergottes in der Rosenlaube« und das »Jüngste Gericht« Stephan Lochners ragen heraus, der elfteilige Ursula-Zyklus hat sogar einen thematischen Köln-Bezug. Zu den Prunkstücken des Muse-

Museum für Ostasiatische Kunst am Aachener Weiher.

ums gehören das späte Selbstbildnis Rembrandts, Peter Paul Rubens' »Juno und Argus« und Vincent van Goghs »Die Brücke von Arles«.

Seit dem Umzug 2001 trägt das Museum den Zusatz »& Fondation Corboud«, deren Impressionisten und Pointillisten in absehbarer Zeit sogar mit einem eigenen Zusatzbau gewürdigt werden sollen. An der Qualität dieser »ewigen Leihgabe« des Ehepaars Corboud ist viel herumgemäkelt worden, aber das eine oder andere Bild »aus der zweiten Reihe« muss hinter den Schöpfungen der erlauchten Namen keineswegs zurückstehen.

Das **Museum Schnütgen** zeigt sakrale Kunst mit dem zeitlichen Schwerpunkt Mittelalter. Die romanische Stiftskirche St. Cäcilien ist da ein Ausstellungsort von hoher Authentizität. Vom Kölner Domherrn Alexander Schnütgen (1843–1918) stammt der Grundstock für die Sammlungen; etliche Anekdoten kursieren über seinen Listenreichtum, wenn es galt, Kunstwerke für die Nachwelt zu sichern. Immer wieder kommt hier auch das Rheinland ins Spiel, vertreten etwa durch das eindrucksvolle Kruzifix aus der Kölner Kirche St. Georg. Bekanntestes Stück ist eine bemalte Kalkstein-Konsole aus der Parler-Werkstatt, ein Frauenkopf von hinreißender Anmut unter einem üppig-virtuosen Kopfputz aus Blattwerk.

Mit dem **Rautenstrauch-Joest-Museum** teilt sich das Museum Schnütgen den Eingangsbereich, dank des neuen, 2010 eröffneten Baus hat es mehr Platz für seine Sammlungen und Ausstellungen. 2010 wurde das Museum für Völkerkunde hier eröffnet, es ist eins von zwei Kölner Häusern, die sich geographisch fernen Welten öffnen. Auch hier haben die Stifter, allen voran der Forschungsreisende Wilhelm Joest, dazu beigetragen, dass dieses Museum zu den wichtigsten völkerkundlichen Sammlungen der Republik gehört. Im Foyer ist der Reisspeicher aus Indonesien die große Attraktion. Allerdings hängen dem Haus immer noch die Pfuschereien aus der Bauzeit nach.

Das **Museum für Ostasiatische Kunst** liegt am Westufer des Aachener Weihers, seine Architektur ist am konsequentesten auf seine Inhalte bezogen. Der Japaner und Le-Corbusier-Schüler Kunio Maekawa (1905–1986) entwarf den Bau, die Außenanlagen gestaltete Masayuki Nagare (geb. 1923). Beiden gelang eine Synthese westlicher und fernöstlicher Architektur. Das Haus vereint Werke aus China, Korea und Japan. Weit fächert sich ihr Spektrum der Gattungen, zeitlich reichen sie bis um das Jahr 1000 zurück. Und wieder haben die Stifter zum Profil dieser außerordentlichen Sammlung entscheidend beigetragen. – Von der Terrasse des Museums geht der Blick über eine Wasserfläche, die auch sinnbildlich die Weite des Horizonts spiegelt.

Museum Schnütgen,
Blick in das Mittelschiff
von St. Cäcilien.

Zeichen setzen

Architektur-Moderne

Viele Baukräne über der Stadt lassen nicht gleich auf fortschritt-
liche Baugesinnung schließen. Den einen oder anderen Leucht-
turm gibt es sehr wohl, und der Rheinauhafen ist ohnehin in
aller Munde. Viel zu wenig bekannt sind dagegen die Ensembles
der Siedlungsarchitektur. Schon ihretwegen lohnt die Erkundung mancher weniger angesagten Stadtteile.

Wilhelm Riphahn, Stadtgestalter

Der Autor hat lange geschwankt, ob er den Kopfsatz dieses Kapitels dem Rheinauhafen oder Wilhelm Riphahn (1819–1963)
widmen sollte. Er hat sich für den Architekten entschieden. In
seinem Fall geht es nicht um ein spektakuläres Ensemble:
Riphahn, das ist wirklich Köln und nicht nur das Zentrum: Seine Bauten finden sich über die ganze, über seine Geburts- und
Heimatstadt verteilt. Andererseits: Jenseits der Kölner Grenzen finden sich nur wenige Zeugnisse seiner Arbeit. Womöglich hat diese Konzentration dazu geführt, dass Riphahns
Wirken lange nicht nach Verdienst gewürdigt worden ist.

Am Beginn steht das imposante Wohn- und Geschäftshaus Ecke Deutzer Freiheit/Justinianstraße (1914). Es hat einen gründerzeitlich-traditionellen Überwurf, doch die Eisen-
Beton-Konstruktion dahinter ist schon auf der Höhe der Zeit.
1916 trat er in das Essener Architekturbüro von Claus Maria
Grod ein, mit Grod zusammen sollte er viele Projekte angehen.

Riphahns Zeit waren die 20er Jahre, sein Arbeitsschwer-
punkt der soziale Wohnungsbau, Hauptauftraggeber die Kölner »Gemeinnützige Aktiengesellschaft für Wohnungsbau«
(GAG). Da sollten Mieten erschwinglich bleiben, also musste
kostengünstig gebaut werden: Eine zusätzliche Herausforderung für einen Architekten, der seine »Handschrift« zeigen
wollte.

Die erste Siedlung entstand 1919 im Stadtteil Mauenheim, erst neulich fiel sie teilweise dem Abrissbagger zum Opfer. Weitere Wohnanlagen nach Riphahns Entwürfen gruppieren sich um den »Rosengarten« und den »Rosenhof« in Bickendorf (1922–1938). Dieser Hof mit seinen 1121 Wohneinheiten war sein größtes Projekt. Die Anlage wurde behutsam heutigen Standards angepasst, ihre ursprüngliche Farbfassung hat sie zurückerhalten. Nun ist »Am Rosenhof« ein leuchtendes Beispiel dafür, dass unter dem Horizont der Weimarer Republik städtebaulich Mustergültiges entstehen konnte.

Am Bauhaus orientiert zeigen sich der »Blaue Hof« und die »Weiße Stadt« in Buchforst. Diese »Weiße Stadt« ist Riphahns kühnster Wurf, hier steht mit St. Petrus Canius auch der einzige Sakralbau von seinem Zeichenbrett. Eine durchgreifende Sanierung hat die Qualität beider Siedlungen wieder erlebbar gemacht.

Die Namensteile »Hof« und »Garten« deuten an, dass es nicht allein um die Wohnungen ging. Die Häuserblocks umschlossen eine Grünanlage mit Spielplatz; Naherholung im wahrsten Sinn des Wortes. In dieses Grün hinaus ging der Blick von den Balkonen, die etwa »Am Rosenhof« eine direkte Verbindung zur Küche hatten, dem Hauptraum der Wohnungen. Noch einmal: Die

Blauer Hof in Köln-Buchforst.

»Goldenen Zwanziger« erlaubten den Wohnungsbaugesell-
schaften keine großen Sprünge, umso mehr zählt das Bemühen um menschenwürdige Unterkünfte. In der anschließen-
den Weltwirtschaftkrise kam der Wohnungsbau allerdings
fast ganz zum Erliegen.

Während der Wiederaufbaujahre nach 1945 war der Architekt auch als Berater gefragt. Riphahns Entwürfe prägten das
Bild der Hahnenstraße, als richtungweisender Bau entstand
hier die »Brücke«, das Britische Kulturinstitut, heute Sitz des
Kölner Kunstvereins. Den stärksten städtebaulichen Akzent
setzte er am Standort der schönsten, 1938 zerstörten Synagoge Kölns. Hier am Offenbachplatz entstand mit Oper, Schauspiel und Opernterrassen ein Ensemble, dem
Anfang des zweiten Jahrtausends der völlige
oder doch ein teilweiser Abriss drohte. Das

Restaurant Bastei,
1924.

konnte nicht zuletzt durch das Engagement der Bürger verhindert werden. Vielleicht führt die aktuelle Ertüchtigung der Oper dazu, dass die plastischen Qualitäten ihrer Architektur den einen oder anderen Kritiker des Baus doch noch überzeugen.

Nun sind nicht alle Nachkriegsbauten Riphahns über jeden Zweifel erhaben. Gegen den Vorwurf, er sei zu willig mit dem Strom geschwommen, muss immer wieder die Notlage der völlig zerstörten Stadt ins Feld geführt werden. Ein außerordentlicher Bau ist dagegen die »Bastei« von 1924. Lange sträflich vernachlässigt, kragt sie als seltenes Beispiel einer expressionistisch inspirierten Architektur über den Rhein. Heute wird ihr Erscheinungsbild wieder ihrem Rang als Schlüsselbau der Moderne gerecht.

Der Rheinauhafen – ein Halb-Wahrzeichen

Bekanntlich reichen die Wurzeln des Kölner Stadtbilds tief hinab. Und selbst die oberirdische Entwicklung des neuen Rheinauhafens bahnte sich unterirdisch an. In diesem Fall mit 2 Kilometern Tiefgarage, die als (vorläufig) längste Europas angedient wurde. Ein Rekord als Flucht nach vorn: Der Parktunnel wurde mehr oder weniger in den Rhein gesetzt. Und deshalb verursachte sein Bau derart hohe Kosten, dass die Ausstattung darüber gar nicht anders als hochpreisig ausfallen konnte.

Dafür ist der Rheinauhafen autofrei. Das bedeutet jedenfalls für die Spaziergänger und Flaneure eine Befreiung. Mancher Besucher wird sich nicht mehr erinnern können, dass hier jahrzehntelang eine Stadtbrache auch in dem Sinn vor sich hin vegetiert hat, dass sie voll spontanen Stadtgrüns war: Der Botaniker nennt es Ruderalvegetation. Heute macht die Mischung aus alten Hafenbauten und avancierter Architektur den Reiz des Quartiers aus. Wenn nun noch der Blick aufs Gegenüber, also den Deutzer Hafen eine Augenweide wäre – aber das ist ein anderes Thema.

Im Mittelpunkt der öffentlichen Aufmerksamkeit stehen die Kranhäuser der Architekten Teherani/Linster, sie sind so-

Rheinauhafen mit den drei Kranhäusern.

zusagen die Heiligen Drei Könige der neuen Kölner Urbanität. Ihre Arme winkeln sich waagrecht zum Strom hin ab, die Rückseite kehren sie dem Hafenbecken zu. Über 60 Meter hoch, 70 Meter lang und stattliche 33,75 Meter breit ragen und kragen sie über den Rhein. In zweien findet nur Bürobetrieb statt, im südlichen kann auch gewohnt werden, 133 Appartements sind über 18 Etagen verteilt.

Der Kranvergleich drängt sich in einem Hafengelände auf, auch wenn das Erscheinungsbild dieser Trinität nur von fern daran erinnert (wer hier an einen Galgen denkt, behält das besser für sich). Die Häuser waren ursprünglich schlanker geplant. Aber der hohe Aufwand für die Statik, der hier getrieben werden musste, ließ sie anschwellen. Wirtschaftliche Zwänge führten zum einem Quadratmeterpreis von 8 000 Euro. Deshalb dominieren die Büroflächen.

Das »Siebengebirge« erhebt sich hier am linken Rheinufer und ist eine vielfach spitzgegiebelte Speicherzeile (1909), entworfen vom späteren Stadtkonservator Hans Verbeek. Ihr Getreidegelb kontrastiert zu den rahmenden Rottönen von historischem Kontorgebäude und Silo, das zum Bürohaus umgewandelt wurde. Zwanzig Jahre älter ist das ehemalige gründerzeitliche Hafenamt, schon damals sollte es der Repräsentation dienen. Auch dieses Gebäude kam zu einem ganz neuen Anbau, zusammen mit dem ehemaligen Lokschuppen folgt er dem gestalterischen Leitmotiv Transparenz.

Weit stromaufwärts, schon im Schatten der Südbrücke kann einem schon beim Zuschauen schwindlig werden. »Skate Plaza Kap686« heißt die Adresse. Hier gefährden die akrobatischen Ritte der Rollbrettfahrer höchstens sie selbst und keine simplen Fußgänger (wie weiland auf der Domplatte). Die nahe Würstchenbraterei ist dann eher etwas für den stimmungsvollen Ausklang. Dafür steht sie jedenfalls im Kölner »Tatort«, aber sie versorgt auch Leute ohne schauspielerische Ambitionen.

Der Elisabeth-von-Treskow-Platz teilt den Rheinauhafen. Zum Rhein begrenzt die Freifläche ein massives Gebäude, das seine Bastions-Vergangenheit noch ahnen lässt. Am Nordende der Hafenhalbinsel halten zwei Ausstellungsgebäude enge Nachbarschaft. In der Halle 10 sitzt das »Deutsche Sport-

& Olympiamuseum«. Unter Wahrung der alten Lagerhaus-Substanz hat der Kölner Architekt Walter van Lom hier den Ausstellungsbau gestaltet. Sein Themenfeld ruht auf dem soliden Unterbau von 3 000 Jahren Sportgeschichte, fängt aber auch die Faszination aktueller Trendsportarten ein. Auf dem Dach sind eigene Aktivitäten möglich, dort kann Fußball oder Tennis gespielt werden. Und es spricht keineswegs gegen dieses Museum, dass der Autor hier oben mit einiger Wehmut an seine Viertelmeilen auf den Poller Wiesen schräg gegenüber gedacht hat.

Rekorde anderer Art kann das Schokoladenmuseum verzeichnen, Jahr für Jahr es hat von allen Kölner Museen die weitaus meisten Besucher. Nun lässt schon sein Titel ahnen, dass hier Thema und Bildungsauftrag besonders glücklich zusammentreffen. Ganz zweifellos aber gebührt diesem Museum das Verdienst, die Wiedererweckung des Rheinauhafens eingeleitet zu haben. Seine Architektur ist oft mit einem Schiff verglichen worden, mit Blick auf das neue Quartier lässt sich sogar von einem Flaggschiff sprechen. Aus Kölner Sicht fast noch wichtiger ist, dass es eine virtuelle Brücke zur benachbarten Südstadt schlägt. Dorthin also, wo die Stollwerck-Fabrik stand und das Leben im Severinsviertel viele Jahrzehnte lang geprägt hat.

Ein Viertel ist der Rheinauhafen nicht, und den Kölner Ehrentitel »Veedel« wird er aller Voraussicht nach nie tragen. Eine Bummelmeile ist er dagegen schon, und die vielen Angebote haben ihn doch Zug um Zug belebt. Dennoch verbietet sich, das Konzept des hochpreisigen Investments, wenn es denn ein Konzept war, beim Deutzer Hafen gegenüber zu wiederholen.

Avantgarde-Architektur

»Wenn (der oder das), dann aber auch (der oder das).« Mit unschöner Regelmäßigkeit hat der Autor dieses Aber des inneren Bedenkenträgers vernommen. Der Mut zur Lücke sieht sich vom Kleinmut angegriffen, der zur Vollständigkeit nötigen will. Das musste (aber wirklich nur) einmal gesagt sein.

Dass Bruno Paul (1880–1968), Mitbegründer des Deutschen Werkbunds, ab 1930 das Gerling-Verwaltungsgebäude um einen repräsentativen Flügel erweiterte, hat neulich ein verspätetes Echo gefunden. Sein Dischhaus (1930) war nicht daraufhin berechnet, sich einmal gegen Verkehrsschneisen wie die nahe Nord-Süd-Fahrt behaupten zu müssen. Im damaligen Straßengefüge muss die weit schwingende Rundung des Baus noch kühner gewirkt haben. Sie bietet dem rechten Winkel einer Ecklage die Stirn, betont die Bewegung der Fassade noch mit den horizontal durchlaufenden Fenster- und Travertinbändern. Die Natursteine sind der Konstruktion als Platten vorgehängt.

Zweifellos hat Gottfried Böhm (geb. 1920) auch für den Kirchenbau in Köln Maßstäbe gesetzt. Hier übernahm er das Büro seines Vaters Dominikus, Gottfrieds erste selbstständige Arbeit ist die Kapelle Madonna in den Trümmern, heute überfasst vom Diözesanmuseum. Seine markanteste Schöpfung auf Kölner Stadtgebiet ist »Christi Auferstehung« in Lindenthal. Ihre Beton-Ziegel-

WDR-Arkaden an der Nord-Süd-Fahrt.

Architektur setzt einen abrupten Schlusspunkt über dem be-
schaulichen Clarenbachkanal. Ein Spätwerk Böhms sind die
WDR-Arkaden an der Nord-Süd-Fahrt. Sein Verständnis vom
Bauwerk als Plastik erlaubt sich hier einen inszenatorischen
Übermut, der mit dem Dekonstruktivismus kokettiert.

Gottfried Böhms jüngsten Sohns Paul (geb. 1950) wunder-
voll luzide Architektur der Zentralmoschee (mit dem Islami-
schen Kulturzentrum) hätte das Zeug zum Wahrzeichen für
den Stadtteil Ehrenfeld. Hoffentlich werden an der Qualität
dieses Sakralbaus alle Übergriffe der Traditionalisten zu-
schanden.

Von auswärts kommen drei weltweit renommierte Archi-
tekten, die im innerstädtischen Bereich Zeichen gesetzt ha-
ben. Der Franzose Jean Nouvel (geb. 1945) entwarf den Köln-
Turm im MediaPark, der Italiener Renzo Piano (geb. 1937) das
»Weltstadthaus Peek & Cloppenburg« an der Schildergasse
und der Schweizer Peter Zumthor (1943) das
Kunstmuseum des Erzbistums Köln an der   *»Weltstadthaus«*
Kolumbastraße.   *an der Schildergasse.*

Der Turm Nouvels erreicht seine 143 Meter Höhe angenehm unaufdringlich. Eine Glashaut überzieht die Konstruktion aus Stahlbeton, und an diesem Spiegel hinauf ziehen sich die zarten Siebdruck-Silhouetten des Doms und der Altstadt. Der Lichteinfall lässt sie mal mehr, mal weniger deutlich aufscheinen. Piano setzt auf die Ausstellung des Volumens. Vermutlich hat die reichliche Verwendung des Werkstoffs Holz dazu beigetragen, dass dieses »Weltstadthaus« mit einem Schiffsrumpf verglichen wurde, der Volksmund hat den maritimen Anklang noch verstärkt und den Bau »Walfisch« genannt.

Diese Fassade zeichnet sich ebenfalls durch viel Glas aus, ein Material, gegen das sich Zumthors Kolumba über weite Fassadenflächen verschließt (siehe S. 201). Zumthor setzt die Strenge seiner Kuben aus hellen Feldbrandziegeln dagegen, dem Tageslicht öffnen sich die Mauerpartien mit Lochmustern. Und sicher antwortet sie auch auf das Dischhaus von Bruno Paul gegenüber, womit der Kreis dieses Kapitels geschlossen wäre. Eindrucksvoll, ausdrucksstark ist dieser Zumthor-Bau zweifellos, doch hat so viel hermetische Moderne auch ihre Kritiker.

Dischhaus.

Ohne Rekordflut

Köln sportlich

Na klar, der FC. Nur ist der 1. bei weitem nicht der einzige Kölner Fußballclub. Außerdem wird ansehnliches Eishockey gespielt, und die Pferderennbahn bietet Sport auf hohem Niveau. Die Deutsche Sporthochschule hat hier ihren Sitz, und Köln wäre nicht Köln ohne eine Bunte Liga. Fazit: Die Stadt hat zwar eins, ist aber kein Sportmuseum.

Die Leit- und Leidsportart

Das hier war mal eine Stadiontribüne wie geschaffen für »Das Wunder von Bern«. Im gleichnamigen Film von Sönke Wortmann durfte sie noch 2003 das Sitzplatzgerüst im Berner Wankdorf-Stadion spielen. Die vermutlich älteste Stadiontribüne auf deutschem Boden war mehr als bloß historische Kulisse. Heute ist sie eine Ruine. Auf dem Aschenplatz unter ihr will niemand mehr den Ball treten. Und wenn nebenan Renntag ist, schaut sie auf geparkte Autos hinunter.

Da bietet das 2004 eröffnete RheinEnergie-Stadion im Müngersdorfer Sportpark ein ganz anderes Bild. 50 000 Zuschauer gehen hinein, und jedes Heimspiel beginnt gottesdienstähnlich mit einem Choral. Dann ertönt die National-, nein, nicht doch, die Vereinshymne im ortsansässigen Dialekt: »Mer stonn zo dir, FC Kölle«. So singen Die Höhner, die hier in bewährter Manier eine Melodie der schottischen Folkrock-Band Runrick coverten. Egal, dieser Inbrunst-Faktor beim Mitsingen müsste die deutsche Nationalhymne vor Neid erblassen lassen, wenn sie sich bei den Länderspielen selbst zuhören könnte.

Zum FC zu stehen, war nicht immer leicht. Die glanzvollen Zeiten, Deutscher Meister 1962, 1964 und 1978, DFB-Pokalsieger 1968, 1977, 1978 (das Jahr des Double – sowohl Meisterschaft und als auch Pokal) und 1983, sie sind »verdamp lang her«. Es folgten die bitteren Jahre im unteren Viertel der Ta-belle und die Katastrophenjahre, in denen selbst der Wieder-aufstieg nur ein Strohfeuer war, dem der Wiederabstieg auf dem Fuß folgte. In solchen Jahren höhnten die gegnerischen Anhänger das »Ihr seid nur ein Karnevalsverein«, und man-cher FC-Fan stimmte ein in seiner Wut der Verzweiflung. Ja, es war zum Heulen, und es wurde auch reichlich geweint.

Der echte Fan aber geht mit seinem FC durch dick und dünn, und überhaupt zeigt sich echte Treue erst in Notzeiten. »Mer stonn zo dir, FC Kölle« wurde eben erst qua Umfrage zur besten Hymne der Bundesliga gewählt, und das ist ja auch eine Art Deutsche Meisterschaft.

Und inzwischen hat sich die Lage stabilisiert. Der FC ist auf-und nicht gleich wieder abgestiegen. Selbst die Finanzen neh-men sich zunehmend solide aus. In manchem Fan-Herzen zittern die Hungerjahre noch nach, aber man hebt schon wieder die Augen auf zu den oberen Tabellenplätzen.

Rhein-Energie-Stadion, Südseite (mit Jahnwie-sen) im Vordergrund.

Nicht nur Eishockey

Torjubel an der Bande.

Die Kölner Haie brauchen ein Dach über dem Kopf, ihre Heimspiele finden seit 1998 im so genannten Henkelmannchen statt. Die Arena zählt mit ihren 18 000 Plätzen zu den größten der Republik, und sie ist ganz sicher dann ausverkauft, wenn Düsseldorf kommt. Und was den Gewinn von Meisterschaften angeht, schneidet der Eishockey- glanzvoller ab als der Fußballclub. Achtmal gewannen die Haie ihre Meisterschaft, jede Menge zweite Plätze gab es, zuletzt noch 2014.

Gut, die Chronisten des 1. FC können das höhere Alter ihres Vereins ins Feld führen. Dafür ging es bei den Haien innerhalb kürzerer Zeit turbulenter zu. Seit sie sich 1972 vom gediegenen Kölner Eisklub abnabelten, brannte hier öfter die Hütte, als den Verantwortlichen lieb sein konnte.

Die Palette reicht von robusten Praktiken beim Spielerkauf bis zu den Gekauften selbst, die es keineswegs nur auf dem Eis krachen ließen, und endet nicht bei den schlagzeilenträchtigen Trainerverpflichtungen. Eine Blitzlichtgestalt war der große Vorsitzende Dr. Jochem Erlemann (1936–2009). Bis er als Finanzjongleur vom Seil stürzte (acht Jahre Haft bzw. offener Vollzug), führte er den Club drei besonders turbulente Jahre (1976–1979) lang. Insgesamt spiegelt sich die Rasanz des Sports also ziemlich getreu im Vereinsleben wider. Doch verglichen mit bestimmten Gruppen der FC-Anhängerschaft fallen die Haie-Fans durch ausgesprochene Friedfertigkeit auf.

Apropos Fans: Zuschauerzahlen eignen sich nur bedingt als Gradmesser für den Erfolg. Die Spiele im Hockey ohne Schlittschuhe zählen nicht zu den Quotenhits. Aber nach Titeln gerechnet dürfte die Hockeyabteilung von Stadion Rot-Weiss die erfolgreichste Kölner (Mannschafts-)Sportgemeinschaft sein. Fünfmal wurden die Damen auf dem Feld und zweimal in der Halle Deutscher Meister, die Herren gewannen sogar siebenmal die Deutsche Feld- und neunmal die Deutsche Hallenhockey-Meisterschaft. Hinzu kommt der siebenma-

Galopprennbahn Köln-Weidenpesch.

lige Gewinn des Europacups der Landesmeister in der Halle. Chapeau.

Pferderennen

Dass ein Finanzzentrum wie Köln schon früh eine Galopp-rennbahn hatte, muss nicht übermäßig wundern. Die Anfänge auf der Mülheimer Heide waren allerdings bescheiden. Dafür fiel eine schöne Anekdote ab, die von der Hilfestellung durch den Kölner Zoo erzählt. Seine Elefanten trampelten die Lehmschollen glatt, um den Pferde ein halb-wegs ebenes Geläuf zu bieten. Für die Tiere ist der Sport übrigens auch heute nicht nur das reine Vergnügen, und auch die Jockeys ziehen sich häufiger böse Verletzungen zu.

Eduardo Pedroza auf Earl of Tinsdal gewinnt den Rheinlandpokal 2011.

In Weidenpesch finden Rennen seit Ende des 19. Jahrhunderts statt. Damals lag das angekaufte Gelände ziemlich weit vor der Stadt. Aber schon die ersten Renntage waren gut besucht, seit 1892 verzeichnen die Chroniken großen Publikumsandrang. 1897 wurde der Kölner Rennverein gegründet. Das wiederum war die Sache des hiesigen Geldadels, der diesen Sport als exklusives Vergnügen schätzte.

Überhaupt lebt oder lebte eine Pferderennbahn von der Aura dieses Sports. Zu ihr gehört die ländlich-noble, eine Landsitz-Atmosphäre, hier geprägt durch die reichliche Verwendung von Fachwerk. Prunkstück war die Tribüne mit ihrem verspielten Dachaufbau; sie steht heute unter Denkmalschutz. Ihr Architekt Otto March, zwar gebürtiger Berliner, aber eingeheirateter Kölner, orientierte sich hier offenbar an den Zuschauerbauten mittelalterlicher Ritterturniere.

Heute bemüht sich Weidenpesch um eine volkstümlichere Note, Familientage mit Ponyrennen für die Jüngsten eingeschlossen. Denn die überlebenswichtigen Umsätze an den Wettschaltern sind zurückgegangen, das Internet hat da kräftig gewildert. Die Preisgelder fallen nicht mehr so üppig aus, trotzdem bietet Weidenpesch guten Sport. Der Preis von Europa war lange Deutschlands höchstdotiertes und das Oppenheim-Union-Rennen ist Deutschlands ältestes Galopprennen. Seit 2003 gibt es hier auch die einzige Jockeyschule der Republik.

Eine Uni für den Sport

Was wäre der Sport hierzulande ohne die Deutsche Sporthochschule, die einzige Sportuniversität der Republik? Sie ist auch über den Lehrbetrieb hinaus ein Ausbildungszentrum, und seit hier C-Lizenzen für Übungsleiter innerhalb des Studiums erworben werden können, ist sie noch näher an den Vereinssport herangerückt. Fast von selbst versteht sich, dass der Deutsche Fußballbund seine A-Lizenz-Trainer in Kooperation mit der Kölner Hochschule ausbildet.

1947 in Köln neu gegründet, wurde sie 1970 als Universität anerkannt und hat seitdem ihre Einrichtungen immer weiter aufgefächert und ihr Profil immer weiter geschärft. Die Forschung wurde in allen Bereichen intensiviert, neue Schwerpunkte auf den Feldern Rehabilitation und Prävention gesetzt. Auch der großen gesellschaftlichen Herausforderung, die Beweglichkeit im Alter zu erhalten, hat sich die Hochschule gestellt.

Von den 21 wissenschaftlichen Instituten steht das für Biochemie häufiger im Fokus. Schon früh wurde hier zur verbotenen Leistungssteigerung geforscht. Ihm ist das Manfred-Donike-Institut für Dopinganalytik angegliedert, beide gehören dem Sporthochschulzentrum »für präventive Dopingforschung« an. Es sieht seine Aufgabe darin, schon die Missbrauchsmöglichkeiten zu identifizieren. – Nur wer den Betrügern einen Schritt voraus ist, hat die Chance, den Dopingsumpf trockenzulegen.

Kleiner Nachtrag mit Bunten Ligen

Allerdings war die Sportstadt Köln schon einmal breiter aufgestellt. Den glanzvollen Zeiten der ASV-Leichtathletik mit absoluten Laufstars und allen Ernstes Sprint-Olympiasieger (!!!) Manfred Germar, Martin Lauer und Bernd Cullmann darf wirklich nachgetrauert werden. Auch die Boxkämpfe des Kölner Originals Peter Müller waren ebenso wie die legendären Sechs-Tage-Rennen mehr als nur Farbtupfer. Immerhin bleibt die ehrwürdige Tradition der Kölner Radrennbahnen durch das (Müngersdorfer) Radstadion und seine Albert-Richter-Bahn gegenwärtig.

Köln wäre nicht Köln ohne »Bunte Ligen«. Eine davon versammelt die Freizeit-Fußballer (»Wo kicken noch Spaß macht«), oft auf den Jahnwiesen, die andere die Boule-Spieler (2007 gegründet). Diese Liga besteht aus »Mannschaften«, die sich gewöhnlich auf den Spielplätzen der Kölner Parks treffen. Und ihnen sieht man wirklich an, dass ihnen das Spiel, bei allem Ehrgeiz, Vergnügen macht.

»Arsch huh«

Ein Zwischenkapitel

Dass Schwule und Lesben im Stadtbild nicht nur am Christopher Street Day präsent sind, gut so. Dass die alternative Szene Kölns wegen ihrer Vielfalt und Kreativität gelobt wird, geschieht zu Recht. Nur müssen Alternativen umso energischer behauptet werden, je mehr der Mainstream Hochwasser führt.

So mischte sich in etliche Kommentare zur Silvesternacht 2015/16 eine besondere Prise Gehässigkeit, weil ausgerechnet im »liberalen« Köln »der Migrantenmob tobte«. Es hatte seinen Reiz – und auch das ist ja eine Art Kompliment –, gerade an dieser Stadt sein Mütchen zu kühlen. Und der städtebaulich einmalige Zusammenhang von Hauptbahnhof und weltberühmter Kathedrale, er wurde zur Image-Falle. Leider zeigte der Talkshow-Tsunami, der dieser Nacht wochenlang folgte, wie wenig ausgiebiges Sprechen der Wahrheitsfindung dient. Durchdachte Besonnenheit und beste Sendezeit sind kaum kompatibel.

Zum Aufbau des Schreckbilds »nordafrikanische Banden« trug bei, dass die Übergriffe zunächst heruntergespielt wurden. Aber richtig bleibt auch, nicht irgendwelchen Kollektiven die Schuld zuzuweisen. Und die wenig erstaunliche Feststellung, dass Flüchtlinge nicht per se die besseren Menschen sind, mag ein paar notorisch Wohlmeinende verstört haben, doch Verschweigen darf nie ein Mittel der Wahl sein.

Hoffentlich hilft da die »Kölner Botschaft«. Abgrenzung gegen Gewaltexzesse und Menschlichkeit, konkreter: Solidarität mit Flüchtlingen aus Bürger- und Glaubenskriegen, schließen sich nicht aus. Und der Autor schließt ausnahmsweise mit einer Binsenwahrheit: Wenn irgendetwas gegen »Ängste« hilft, dann die analytische Vernunft.

»Arsch huh, Zäng ussenander«

Eine AG (Arbeitsgemeinschaft) vor dem Namen ist nicht dasselbe wie eine AG (Aktiengesellschaft) dahinter. »Arsch huh« fand sich spontan zusammen, als die flüchtlingsfeindlichen Übergriffe in Deutschland an Dynamik gewannen.

(Rund) 100 000 standen am 9. November 1992 dichtgedrängt auf dem Chlodwigplatz, um einerseits Musik zu hören und andererseits zu protestieren, ein jeder Konzertbesucher und Kundgebungsteilnehmer in Personalunion. Der Protest richtete sich damals gegen die Brandstifter von Rostock-Lichtenhagen, wo ein Flüchtlingsheim in Flammen aufgegangen war. Mit den Brandstiftern waren ausdrücklich nicht nur die tätigen Neonazis gemeint, sondern auch die Claqueure in der Kulisse.

Folgerichtig waren die 100 000 aufgerufen, nicht nur die rechtsradikalen Anschläge im einverständigen Gespräch unter Gleichgesinnten zu verurteilen, sondern auch draußen im Alltag zu widersprechen, wenn die so genannte Mitte der Gesellschaft mit einem Mal »Rassistesprüch« freigibt. »Wie wör et, wenn du ding Ideale / langsam ens vertredde dääts?« Zwei Zeilen aus dem Mottolied »Arsch huh, Zäng ussenander«, zu dem Nick Nikitakis die Musik und Wolfgang Niedecken den Text geschrieben hatte.

Auf der Bühne standen damals so ziemlich alle bekannten Kölner Musiker und Musikgruppen. Manche Vertreter der reinen Lehre rümpften über den bunten Branchen-Mix die Nase. BAP und die Höhner, das war tatsächlich eine Kölner Mischung, die das Etikett »breites Spektrum« zu Recht tragen konnte. Übrigens standen auch die Redner an diesem Novembertag für ganz unterschiedliche politische Überzeugungen.

Erneut gab es ein Arsch-huh-Konzert am 20. November 2008. Obwohl satte 16 Jahre vergangen waren, standen viele Akteure von damals auf der Bühne. Diesmal hatte das Bündnis »Köln stellt sich quer« (KSSQ) zum Protest aufgerufen. Als »Geschäftsführer« bot sich der Deutschen Gewerkschaftsbund Köln an, und mit KSSQ war auch eine Plattform geschaffen, die alle Aktivitäten gegen rechtsradikale und rassistische Umtriebe zusammenführen konnte.

Die DGB-Verlautbarung nannte als »Zielgruppe: breite Öffentlichkeit«. Dementsprechend präsentierte sich das Bündnis selbst: eine atemberaubend weitgefächerte Partnerschaft, die von Linksautonomen über Katholiken bis zu Karnevalsvereinen reichte. Ja, es gab sogar ein Zusammenschluss Kölner Altstadt-Wirte, die Bierdeckel mit der Aufschrift »Kein Kölsch für Nazis« ausgaben.

Anlass war der »Anti-Islamisierungskongress«, den Pro Köln am 19./20. September abhalten wollte, als Aufhänger diente den Rechten der geplante Bau einer Zentralmoschee. Der Kongress musste vorzeitig beendet werden, weil die Polizei angesichts der vielen Demonstranten nicht mehr für die Sicherheit der Teilnehmer sorgen konnte.

Der 9. November 2012 war der Gedenktag für das Konzert vor zwanzig Jahren, er fand diesmal auf der Deutzer Werft statt. Redner und Unterstützer kamen diesmal verstärkt aus dem Medienbereich, auch der Oberbürgermeister fehlte nicht. Die Musik stand im Vordergrund, noch mehr Künstler und Bands beteiligten sich, darunter ausgesprochene Karnevalsgruppen. Der Kabarettist Jürgen Becker kritisierte die Kölnlastigkeit der Veranstaltung, die sich so in unfreiwillige Nähe zur rechten Heimattümelei begebe, erschwerend hinzu komme die beliebige »Botschaft [...] schaumig wie ein Kölsch«. Beckers Alter Ego Wilfried Schmickler widersprach. Mit ganz untypischer Nachsicht plädierte der Leverkusener Schmickler für das Recht der Kölner auf Eigenlob. Sicher, dieser November- war auch ein Gedenk- und insofern ein Feiertag. Allerdings: Der Grund für das Engagement gegen Rechts bestand unverändert weiter.

Die Chronik kommt an den Jahren 2014/15 nicht vorbei. Am 9. Juni steigt in und im Umkreis der Mülheimer Keupstraße das Kulturfest »Birlikte – Zusammenstehen«. Es erinnert an den Nagelbombenanschlag vor zehn Jahren und wird von keinem Geringeren als dem Bundespräsidenten eröffnet. Auch »Arsch huh« gehört zu den Unterstützern, eine wichtige Rolle spielt das Schauspiel Köln mit seinem Gelände an der Schanzenstraße. Etliche türkische Künstler treten auf, die Vielfalt der Schauplätze und Programmpunkte setzt ein Zeichen, das selbst der Platzregen nicht auslöschen kann. Nur zwingt das Unwetter zu einem vorzeitigen Abbruch der Veranstaltung.

Im Oktober des Jahres hatten sich unter dem Banner »Hooligans gegen Salafisten« einige Tausend gesammelt, die einer düpierten Polizei etwas Ähnliches wie eine Straßenschlacht lieferten. Sonst blieb es bei kläglichen Versuchen von Kögida (Kölner gegen die Islamisierung des Abendlandes) und Pro Köln, Sympathisanten zu mobilisieren. Aber der Jahrestag der Oktober-Randale bot einen willkommenen Anlass für ein friedliches Fest. Das wurde von einem ganzen Bündnis-Bündel veranstaltet, darunter die AG Arsch huh. Birlikte zeigte wieder ein großes Programm aus Wort- und Musikbeiträgen.

Birlikte – Zusammenstehen 2015 (Mülheim, Keupstraße).

Dunkelziffern

Untergrund und Unterwelt

Es gilt die Faustregel: Wo das Geld sitzt, dahin zieht es das Verbrechen. Sie gilt allerdings nur für die kriminellen Unternehmungen großen Stils, abgezockt wird auch auf den unteren Ebenen. Und manche Zweige der Kriminalität arbeiten so untergründig, dass sich der Wasserspiegel kaum bewegt.

Verbrechensfolklore

Die überlebenden Akteure liefern launige »Verzällcher« aus ihrer Vergangenheit, die irgendwie nach »Och wat wor dat fröher schön doch en Colonia« klingen. Damals trugen die Unterweltgrößen noch Neckzettel wie »Dummse Tünn« oder »Schäfers Nas«. Das klang nach Kölner Originalen, ausgestattet zwar mit einer derben Faust, aber das Herz doch auf dem rechten Fleck.

In den 60er und 70er Jahren war Köln eine Hauptstadt des »Miljös« und als solche bundesweit bekannt. Der einschlägige Film hieß »Heißes Pflaster Köln« (1965), als späten Nachhall spielte das Millowitsch-Theater seine Klamotte »Der König vom Friesenplatz« (1998). Eine noch spätere Aufarbeitung lief unter dem Titel »Chicago am Rhein« (2011), der schon damals für den Kölner Rotlichtkosmos an den Ringen und um sie herum gängig war. Dass mancher Köln-Krimi noch heute von dieser Zeit und diesen Typen zehrt, versteht sich fast von selbst.

Da darf eine Homestory mit Dombeteiligung nicht fehlen. Ihr Held ist der gealterte Heinrich Schäfer (»Schäfers Nas«). 1996, ein Jahr vor seinem recht frühen Tod, wurde aus der Domschatzkammer ein Vortragekreuz gestohlen, der Verlust soll den damaligen Kardinal Joachim Meisner besonders geschmerzt haben. Auf Bitten des Dompropstes ließ Schäfer seine immer noch existenten Kontakte zur Unterwelt spielen.

Über die beiden hiesigen Boulevardblätter drohte er dem Täter »Ärger« an, sollte er das Diebesgut nicht zurückgeben. Tatsächlich fand sich das Kreuz wieder ein, der ehemalige »König der Rotlichtszene« brachte es selbst beim Dompropst vorbei. Den »Finderlohn« von 3 000 DM lehnte er großherzig ab, nicht aber, dass ihn der Kirchenmann in seine Fürbitten aufnahm. Ein Jahr darauf erhielt der Geistliche den »Orden wider den tierischen Ernst«. Er hatte die Begegnung mit Heinrich Schäfer zu einer launigen Predigt verarbeitet.

Gern treten oder traten die Größen von einst vor Mikro und Kamera. Beschwören dort die guten, alten Zeiten, ihr Leben in Saus und Braus. Sie schwärmen vom legendären Zusammenhalt, vom rauen, aber herzlichen Umgang miteinander. Keiner leugnet die erbitterten Rangkämpfe, aber danach sei man auch gemeinsam wieder auf ein Kölsch gegangen. Sie versichern, den Absturz in die Armut – mickrige Rente, Hartz IV – gelassen zu nehmen. Und das alles in dem berühmten Dialekt, der schon vom Tonfall her besagt: »Alles halb so schlimm.«

Ehemaliger Milieutreff in der Friesenstraße.

Die Platzhirsche hatten sich häufig vom Türsteher empor-
gearbeitet, der eine oder andere macht den Job auch heute
wieder. Alte Fotos zeigen sie mit Minipli, Ledermontur, Fell-
mänteln und den obligaten Goldkettchen. Selbstredend durften auch Rolex oder der große Schlitten nicht fehlen. Das alles gehörte zur Ausstattung eines »Luden«. Der Protz war
nicht Selbstzweck, sondern geschäftsnotwendig.

Wie gesagt, versungen und vertan. Häufig kam ihnen die
Spielsucht in die Quere, harte Drogen oder Alkohol waren
die Begleiter auf dem Weg bergab. Der gesundheitliche Ruin
ließ sich auch durch den Gang ins Kampfsport- oder Fitness-
studio nicht aufhalten. Dass eine Ringgröße von einst heute
Tauben züchtet, ist die Ausnahme.

Bei den vielen schön ausgeschmückten Geschichten fällt
kaum auf, dass sie immer nur aus der Täterperspektive erzählt
werden. Die Frauen, über die ihre Zuhälter verfügten, haben
keine Stimme. Wahrscheinlich denken die Autoren, dass keiner sie hören will. Offenbar sind die gefallenen Kiezgrößen
Opfer genug.

Banken und Bankrotte

Die Geschichte könnte mit Abraham Schaaffhausen (1756–
1824) beginnen. Das ist der Mann, der beim Anfall des Rhein-
lands an Preußen den Schreckensruf getan haben soll: »Jesses
Maria, do hierode mer äver en ärm *Familich*!« Der Sager wird
durch seine Person beglaubigt und führt auch dank Schaaffhausen das zähe Leben aller Sprüche, die vielleicht nie gesagt
worden sind, aber doch einen Sachverhalt auf den Punkt bringen – hier sogar mit einem guten Schuss Volkstümlichkeit.

»Ärm Familich«. Der Zitatgeber war gewiss kein Armer.
Und schon beim Gedanken, dass einer von den Seinen in eine
solche einheiraten könnte, muss ihn der Donner gerührt haben. Seine Nachfahren aber sollten die im übertragenen Sinn
arme Familie noch bitter nötig haben.

Zweifelsfrei geht der A. Schaaffhausen'sche Bankverein
auf den sagenhaft reichen Abraham S. zurück. Allerdings ver-
lagerten sich die Geschäfte des Handelshauses erst nach dem

Tod des Patriarchen ganz auf das Bankfach. Der Verein profilierte sich als Finanzier der rheinischen Industrie, geriet allerdings im Krisenjahr 1848 in eine schwere Liquiditätsklemme.

Aus dieser Klemme half die Gründung einer Aktiengesellschaft. Es war die erste in Preußen überhaupt – und schon ein kapitalistisches Lehrstück. Eben die »ärm Familich«, also Preußen, unterstützte mit Staatsgarantien die Rettung des Geldhauses durch die rheinische Industrie und die anderen Banken. Der Vertrag zwischen dem öffentlichen und den privaten Partnern sah vor, dass der Staat für zehn Jahre Miteigentümer der Bank wurde (doch konnten die Verbindlichkeiten gegen Preußen schon nach vier Jahren abgelöst werden).

Nur wenige Jahre zurück liegt die Bankenrettung mit »Staatsknete« nach der Lehman-Pleite (2008/09). Wir wiederholen es gern: Geschichte lebt. Bleibt nur noch anzumerken, dass der A. Schaaffhausen'sche Bankverein zum Wurzelwerk der Deutschen Bank gehört.

Der wirklichen und der stets virulenten Bankenkrise verdankt die Pleite der Kölner Herstatt-Bank ihre ungebrochene Publizität. Der persönlich haftende Gesellschafter Iwan-David Herstatt (1913–1995)

Ehemaliges Gebäude der Herstatt-Bank.

kam aus einer Bankiersfamilie. Allerdings war die Tradition einige Zeit unterbrochen gewesen, als Iwan-David 1955 ein kleineres Geldinstitut kaufen konnte. Das gelang nicht zuletzt dank der Hilfestellung seines einstigen Mitschülers Hans Gerling. Der Versicherungs-Tycoon hielt einen Anteil von über 80 % an der Neugründung.

Der gut vernetzte Privatbankier Herstatt – zwanzig Jahre galt seine besondere Fürsorge dem hiesigen Rosenmontagszug – gewann viele Kunden auch aus den reputierlichen Zirkeln der Domstadt und entwickelte aus kleinen Anfängen ein ansehnliches Geldinstitut. In den 70er Jahren war die Zahl von anfänglich 15 auf 850 Mitarbeiter gestiegen, und es hätte bei den soliden Wachstumsraten ohne Weiteres bleiben können.

Dann fällt 1973 Bretton-Woods, das System der festen Wechselkurse. Nun »floaten« die Währungen, ihr Auf und Ab wird dem so genannten freien Markt überantwortet. Es beginnt die hohe Zeit der Devisenhändler, auch bei Herstatt – sollen wir sagen: erwirtschaftet die entsprechende Abteilung sagenhafte Gewinne. »Goldjungs« heißen die Händler, deren spekulativer Elan viele Bankangestellte mitreißt. Zu den gern kolportierten Details der Katastrophenerzählung gehört, dass damals die Lehrlinge mit dem Porsche vorgefahren seien.

Unter dem Horizont der Ölkrise setzen die Herstatt'schen Händler auf den fallenden Dollar. Zunächst mit Erfolg, aber dann steigt die Leitwährung wider Erwarten, jedenfalls wider das Erwarten im Hause Herstatt. Die enormen Verluste führen zu immer fieberhafteren Versuchen, wieder die Gewinnzone zu erreichen. Doch ein Sumpf kennt keine Gnade. Je hektischer einer versucht herauszukommen, desto tiefer gerät er hinein.

Schließlich bilanzieren sich die Verluste auf die damals äußerst stattliche Summe von 500 Millionen DM. Deutsche, Dresdener, Commerz- und auch die Bundesbank lehnen die flehentliche Bitte um die Übernahme von Bürgschaften ab. Am 26. Juni 1974 verfügt das damalige Bundesamt für Kreditwesen die sofortige Schließung der Herstatt-Bank.

Nur knapp besser ging es dem Bankhaus Sal. Oppenheim. Es konnte sich 2009/10 vor der drohenden Zahlungsunfähigkeit unter das Dach der Deutschen Bank retten.

Doch vielleicht mischt sich hier selbst bei denjenigen, die gegen den Kapitalismus Gift und Galle zu spucken gewohnt sind, ein Hauch Bedauern in die Häme. Denn zweifellos hat diese Bank an der Kölner Geschichte mitgeschrieben. 1798 zog ihr Gründer Salomon Oppenheim jr. (1772–1828) nach Köln, als die Stadt – dank des Drucks der französischen Besatzer – endlich wieder für Juden offen war. Der Aufstieg seines Geldhauses darf kometengleich genannt werden, 1822 wurde Salomon als erster Jude in die Kölner Handelskammer aufgenommen.

Die nachfolgenden Generationen engagierten sich für den Aufbau der Industrie an Rhein und Ruhr. Nicht zuletzt durch Sal. Oppenheim wurde Köln zur Metropole des Versicherungsgeschäfts, auch den weltweit ersten Rückversicherer begründete das Bankhaus mit. 1856 stiftete Abraham Oppenheim die neue Synagoge in der Glockengasse (siehe S. 84), gleichzeitig förderte die Familie aktiv die Vollendung des Kölner Doms.

Als die Großbanken immer mächtiger wurden, erlebte Sal. Oppenheim schwierige Jahre. Doch selbst die Zeit des Nationalsozialismus

Unter Denkmalschutz: Bankhaus Oppenheim.

hat das Bankhaus überstanden. Nicht jedoch den Zusammenbruch des Warenhaus- und Touristikkonzerns Arcandor, den das Bankhaus wesentlich mit verschuldet hat. Ein Übriges tat die Finanzkrise 2009.

Noch 2007 hatte Sal. Oppenheim seinen Hauptsitz nach Luxemburg (!) verlegt, die Pressemitteilung zum Geschäftsbericht dieses Jahres (28. April 2008) bejubelt »das beste Ergebnis der 219-jährigen Unternehmensgeschichte«. Anderthalb Jahre später kommt es zum Notverkauf an die Deutsche Bank.

Der Niedergang des Hauses ruft auch die Staatsanwaltschaft auf den Plan. Was an unsäglichen Geschäftspraktiken zutage kommt, sorgt für gepflegte Fassungslosigkeit. Auffällig aber ist wie schon bei Herstatt die unbefriedigende juristische Aufarbeitung. Die Strafen für die Hauptverantwortlichen bei Sal. Oppenheim fallen äußerst moderat aus (und selbst dagegen werden die vorläufig Verurteilten Berufung einlegen). Die im Vorfeld so forschen Anklagevertreter wirken im Lauf des Prozesses immer kurzatmiger. Aber vielleicht sind Wirtschaftsvergehen ja wirklich von derart komplexer Struktur, dass die Justiz damit überfordert ist.

Der Untergang des Stadtarchivs

Kevin K. (17) und Khalil G. (24) starben im Nachbarhaus unter den Trümmern. Den Jüngeren habe der Tod wohl im Schlaf getroffen, nicht verlautbart wurde, wie der Ältere umkam. Die Suchtrupps fanden seine Leiche erst neun Tage nach der Katastrophe.

Beiden half das vergleichsweise »Wunder«, so wie es im Rahmen der Geschehnisse genannt wurde, nicht. Es sollte in den kommenden Tagen oft beschworen werden. »Wie durch ein Wunder« saßen in den vom Schutt begrabenen Autos keine Menschen, »wie durch ein Wunder« konnten die Mitarbeiter und Besucher des Stadtarchivs haarscharf entkommen. Einer berichtete von dem womöglich unauslöschlichen Schrecken, als ihm im wahrsten Sinn des Wortes der Boden unter den Füßen schwand. Obwohl er um sein Leben lief, hatte er das Gefühl, nicht vom Fleck zu kommen.

236

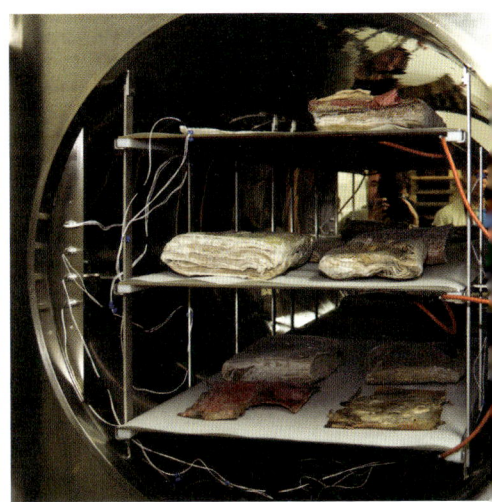

Am 3. März 2009 um 13:58 Uhr tat sich an der Severinstraße die Erde auf. Minuten später gab es kein Stadtarchiv mehr. Das Gebäude war auf ganzer Länge eingestürzt, das benachbarte Haus zum Teil. Bis heute erinnert die Baulücke an den Einsturz. Sie wird sich schließen, wie mit dem zeitlichen Abstand die Öffentlichkeit eine immer vagere Vorstellung von dem haben wird, was doch eine Ungeheuerlichkeit war.

▶ Das Historische Stadtarchiv unmittelbar nach dem Einsturz.
▲ Schadensbegrenzung für das Stadtarchiv: Gefriertrocknungsanlage mit schockgefrorenem Archivgut.

Selten finden Archive die Aufmerksamkeit, die ihnen zusteht. Das Kölner gehört zu den umfangreichsten und wichtigsten Stadtarchiven Europas. Und dank seiner Bedeutung waren viele Dokumente schon vor dem Einsturz digitalisiert worden, sind also wenigstens virtuell erhalten. Das gilt nicht für die Nachlässe von Bürgern, die das Archiv laufend übernahm und in der Summe das Gedächtnis der Stadt ganz wesentlich ausmachen.

Bis zu zweihundert Restauratoren haben sich bemüht und bemühen sich noch, die Schäden in Grenzen zu halten. Die »Stiftung Stadtgedächtnis« bemüht sich um Spenden, denn die Versicherungen steuern nur etwa 14 % der benötigten

Geldmittel bei. 95, ja 96 % des Materials seien gerettet, heißt es. Das ist angesichts von so viel zerfledderten, völlig durchweichten Papiers auch eine Art Wunder.

Fragt sich nur, in welchem Zustand Schriftstücke und Drucksachen nach ihrer Rettung sind oder sein werden. Viele, auch jahrhundertealte Dokumente werden künftig unübersehbare Spuren ihrer Wiederherstellung zeigen. Das Stadtarchiv wird seine virtuelle Präsenz vorantreiben und ein neues Gebäude weit weg vom Katastrophenort beziehen.

Sieben Jahre nach dem Unheil an der »Gleiswechselanlage Waidmarkt« ist die Ursachenforschung noch immer nicht abgeschlossen. Nach fünf Jahren weitete die Staatsanwaltschaft ihre Ermittlungen vorsorglich auf mehr als hundert Personen aus. So wollte sie verhindern, dass ein möglicherweise Schuldiger wegen Verjährung der Straftat davonkommen konnte. Da für den Druckausgleich die Höhe des Wasserspiegels im »Besichtigungsbauwerk« stabil bleiben muss, werden Taucher zur Beweissicherung herangezogen. Gründlichkeit geht vor Schnelligkeit, schon weil die Schadenssumme bei einer Milliarde Euro liegen dürfte. Vorab spitzt es sich auf die Frage zu, ob Kies, Sand und Wasser durch die oder unterhalb der sichernden Schlitzwände einbrachen. Lag also die Hauptschuld bei der Bauplanung – Schlitzwände waren nicht tief genug gegründet – oder bei der Bauausführung – Schlitzwände wurden fehlerhaft eingesetzt. Für die Bauplanung war die Auftraggeberseite zuständig, Ausführende war die Arbeitsgemeinschaft der beteiligten Baufirmen. Sie plädiert denn auch auf »hydraulischen Grundbruch«, also auf zu kurze Schlitzwände, Stadt und Verkehrsbetriebe auf mangelhaften Einbau. Außerdem: Muss hier von krimineller Energie gesprochen werden oder »nur« von Schlamperei oder einer Mischung aus beidem? Immerhin kam ans Licht, dass an anderer Stelle die vorgeschriebene Zahl an Stahlbügeln nicht eingebaut und Bauprotokolle gefälscht wurden.

Auch die aufwendige Ursachenforschung hält die Katastrophe gegenwärtig. Doch inzwischen fürchten manche, dass sich der genaue Hergang nicht mehr ermitteln lässt. Und natürlich fehlen die Stimmen nicht, die schon einmal das »typisch rheinische« oder noch genauer »kölnische« Phlegma für das Unglück verantwortlich machen. Was Köln ist, ist eben auch oft ein Klischee.

Kölner Doppel

Zoo und Flora

Der eine kostet Eintritt, die andere nicht. Die unmittelbare Nachbarschaft von tierischen und pflanzlichen Exoten ist ein besonderes Kennzeichen der Stadt. Zoo und Flora öffnen Fenster in ferne Regionen, die zur Zeit ihrer Gründung für die meisten Bewohner der Stadt unerreichbar waren. Heute kommt ein neuer Akzent hinzu: die Beihilfe zum Schutz bedrohter Arten.

Eseleien im Zoo

Sie bilden eine Art Empfangskomitee. Die Fußgängerrampe von der Straßenbahnstation herab ermöglicht den freien, noch kostenlosen Blick auf ihr Gehege. Und zweifellos ist ihre

Onager.

(trotz Schwalbenbauch) kraftvoll-elegante Statur eine Werbung für den Zoo. Auch ihr hellbraunes, fast sandgelbes Fell mit dem dunklen Aalstrich hat eine ganz eigentümliche Faszination. Die meisten Besucher dürften schon hier eine Ahnung haben, in welcher Gegend des Tierreichs diese Paarhufer zu verorten sind.

Ihr Name: Onager. Früher wurden sie den »Halbeseln« zugerechnet, aber diese Halbheit hat die zoologische Systematik dankenswerterweise kassiert. Als Unterart der asiatischen Wildesel stehen Onager der afrikanischen Stammform des Hauesels nahe. In ihrer iranischen Heimat bemühen sich die staatlichen Stellen nach Kräften, die gerade noch vierhundert Tiere vor dem Aussterben zu bewahren. Im Kölner Zoo hat es erst 2014 Nachwuchs gegeben.

Am anderen Ende des Spektrums stehen hier die Poitou-Esel. Sie leben im neuen Clemenshof, einer Anlage, die dem Schutz gefährdeter Haustierrassen gewidmet ist. Es sind Tiere von verwegenem Aussehen, das sie vor allem der Langhaarigkeit ihres Fells verdanken. Wenn irgendeine Art in menschlichen Augen wild ausschaut, dann diese sehr

Zotteltier: Poitou-Esel. alte Züchtung mit den bemerkenswert schräg

gestellten Ohren. Und auch der Körperbau dieser recht großen Tiere wirkt nahezu ungeschlacht und jedenfalls derbrobust.

Wo, wenn nicht hier bietet sich Gelegenheit, an die im wahrsten Sinn des Wortes tragende Rolle zu erinnern, die der Esel in der Menschheitsgeschichte gespielt hat. Früher als das Kamel hat er die Lasten durch die Wüste getragen. Genügsam und zäh ertrug er die Hitze, kam mit wenig Wasser und Nahrung aus. Ohne den Esel wäre der wichtige Fernhandel durch die Wüstengebiete am Persischen Golf und Roten Meer nicht möglich gewesen, er steht als Lasttier an der Wiege auch unserer Kultur.

Dann hat ihm bekanntlich das Pferd den Rang abgelaufen. Es spricht wahrhaftig nicht für unsereinen, dass er den Esel so lange mit Verachtung behandelt hat. Man muss ja nicht gleich die These vertreten, dass der Christen- aus einem Eselsgott hervorgegangen ist. Aber ihm Dummheit und Faulheit zu unterstellen, fällt auf die Untersteller zurück.

Schön, dass der Kölner Zoo den Eseln so viel Aufmerksamkeit widmet. Und vielleicht sogar darüber ins Grübeln geraten lässt, mit welchem Recht wir über die Tierwelt bis hin zu ihrer partiellen Ausrottung verfügen. Leider gehören der Wildesel Onager und der Poitou-Esel als Haustierrasse auch in dieser Hinsicht zusammen.

Zoo-Panorama

Petermann hieß der Schimpanse, der 1985 zusammen mit Artgenossin Susi den damaligen Zoodirektor angriff und schwer verletzte. Während der leitende Angestellte mit dem Leben davonkam, ging ihre Beißattacke für die beiden Affen tödlich aus. Jahre zuvor hatte das männliche Tier Aufsehen erregt, weil er sich als Mensch gebaren musste. In den 50er Jahren wurde Petermann zum »Fernsehstar« mit Frack, Fliege und Sektglas.

Das fanden die Leute damals lustig. Etliche Kölner sahen im Überfall des Schimpansen einen Aufruhr der Entrechteten gegen das »System Zoo«, manche sprechen heute noch von »Petermanns Rache« und bewahren dem »Anarchisten«, gar Märtyrer in Affengestalt ein ebenso verklärtes wie ehrendes Angedenken.

Es hatte etwas von Ironie des Schicksals, dass es mit dem Zoodirektor einen Mann traf, der einen anderen Umgang mit Tieren durchsetzen wollte. Noch im Petermann-Jahr konnte er ein geräumiges Urwaldhaus nur für Menschenaffen einweihen, dessen Architektur als richtungsweisend galt.

Rund 10 000 Tiere leben auf dem Gelände, und wenn der Regen nicht gerade strömt, strömen die Besucher. Ein Zoo muss eben auch auf den Schauwert achten, und da bleibt das »Zur-Schau-Stellen« nicht aus.

Doch gehen alle Bemühungen dahin, für die Bewohner einen »naturnahen Lebensraum« zu schaffen. Eine große Attraktion ist nach wie vor das Regenwaldhaus. Es präsentiert Arten aus den Tropen Südostasiens, der vietnamesische Nationalpark Phong Nha-KeBang ist Kooperationspartner des Kölner Zoos. Der »Elefantenpark« bietet den Dickhäutern viel Auslauf, das »Eulenkloster« ermöglicht den Vögeln in gewissem Rahmen auch Freiflüge. Jüngste, spektakuläre Errungenschaft ist der »Hippodom« (kein Schreibfehler). Er stellt eine afrikanische Flusslandschaft nach, große Plexiglas-Scheiben ermöglichen, das Unterwasserleben von Flusspferden und Nil-Krokodilen zu beobachten.

Mit dem Clemenshof ist ein bergischer Bauernhof entstanden, der ausdrücklich nicht den Wild-, sondern den Haustieren gewidmet ist. Aber auch diese Erweiterung des Spektrums folgt dem Schutzgedanken, nur stehen hier die gefährdeten Haustierrassen im Fokus. Prominentester Vierbeiner dürfte dennoch ein Geißbock namens Hennes sein. Wenn er nicht bei den Heimspielen des 1. FC als Maskottchen zugegen ist, hat der Ziegenmann hier sein Zuhause.

Nicht nur der Arten-, sondern auch der Denkmalschutz ist im Zoo ein Thema. So kann der Pavianfelsen auf über hundert Jahre seines Bestehens zurückblicken, noch älter ist das ehemalige Giraffen- und Antilopenhaus (1863), das später (1874) zur Unterkunft für Elefanten umgebaut wurde. Seine Gründerzeit-Architektur wird mehr behelfsweise als genau »maurisch« genannt, sie sollte – passend zum Zoo – Exotik vermitteln, einen Hauch von Tausendundeiner Nacht.

Mit dem Aquarium (1971 eröffnet) hat der Zoo hat eine Art Dependance. Die (Unter-)Wasserwelten reichen hier von den Rheinfischen (siehe S. 45) bis zu den Arten eines pazifischen Korallenriffs. Unter demselben Dach befinden sich das Terrarium und das Insektarium, die den kleineren Tieren vorbehalten sind. Oft leben hier die Tiere sehr versteckt. Wer dabei ist, sich die Augen auszugucken, sollte auch Laubwerk der Umgebung nicht außer Acht lassen. Die Gespensterschrecke mit dem sprechenden Namen Wandelndes Blatt jedenfalls hat schon manchen Besucher genarrt.

Zoo, afrikanische Flusslandschaft mit Nilpferden (Hippodom).

Blumen- und Gebäudepracht: die Flora

An einem winterlich-kalten Januartag des Jahres 1866 bewegte sich ein langer Zug zum Friedhof von Potsdam-Bornstedt. Die Trauergäste begleiteten Preußens berühmtesten Gartenarchitekt Peter Joseph Lenné (1798–1866) auf seinem letzten Gang. Dem Sarg wurde ein silberner Lorbeerkranz vorangetragen, in dessen fünfzig vergoldete Blätter die Namen seiner wichtigsten Schöpfungen eingraviert waren. Ein Blatt verzeichnete auch die Kölner Flora, ein Spätwerk des gebürtigen Bonners Lenné.

Aber der Reihe nach. Denn die erste Kölner Flora entstand 1801 im Schatten des Doms. Die höchst prominente Lage sollte ihr zum Verhängnis werden, sie musste dem Hauptbahnhof weichen. 1864 erstand sie an heutiger Stelle neu, übrigens nicht als städtische Anlage, sondern auf Initiative Kölner Bürger, u. a. des Bankiers Eduard von Oppenheim und des Kaufmanns Adolph Rautenstrauch.

Nachdem sich die Stadt 1919 gezwungen sah, die Flora endgültig in eigener Regie zu übernehmen, wurde sie 1920 mit dem städtischen Botanischen Garten vereinigt. 1985 konnte sie dann das Etikett »Ungewisse Zukunft« abstreifen. Damals begann die umfassende Erneuerung nach den historischen Vorlagen. Mit der Inbetriebnahme des palastähnlichen Festhauses 2014 wurde ein gewisser Abschluss erreicht, wenn auch wie im Fall der Gewächshäuser noch manches zu tun bleibt.

Die gründerzeitliche Flora vereint unterschiedliche Komponenten der Gartenbau-Tradition. Das Parterre vor dem Festhaus orientiert sich an den Blumenparterres der französischen Barockgärten, die Wasserkaskade mit den begleitenden Laubengängen ist ein Kennzeichen der italienischen Renaissance-Anlagen, die Gestaltung insgesamt erinnert besonders in der Wegeführung an die englischen Landschaftsparks. Wiedergewonnen wurde auch der Rote Garten am Frauen-Rosenhof. Der Jugendstilarchitekt Joseph Maria Olbrich hatte ihn für die Deutsche Kunstausstellung 1906 entworfen.

Die Flora wäre keine, wenn ihr nicht vor allem an der Augenweide gelegen wäre. So trifft der Blick vom Tor über Blumenparterre und Springbrunnen-Rondell unvermeidlich auf das Festhaus. Als Zentrum der Anlage vertritt es die Schlösser der Barockgärten. Sein neues Erscheinungsbild wahrt Distanz zum ursprünglichen Gründerzeitbau, hat also deutlich weniger Schnörkel. Aber es hält doch die Glaspaläste der berühmten englischen Gärten gegenwärtig. Und selbstverständlich lassen sich im Festhaus Feste feiern, zu denen in Köln fast zwangsläufig auch die Prunksitzungen zählen.

Auf der Nordseite setzt dieses Festhaus mit dem Café Augusta einen unübersehbar zeitgenössischen Akzent. Der Name ist eine Hommage an die gartenbegeisterte Gemahlin Kaiser Wilhelms I., die Schirmherrin der Flora war.

Flora, barocke Pracht (Blumenparterre).

Ein Kleinod: der Forstbotanische Garten

Hier wurden zwar keine Schwerter zu Pflug-scharen, aber doch ein Infanterie-Stützpunkt zu einem Felsengarten. Die Konversion er-klärt sich einfach: Die Partie gehörte zum äußeren Kölner Festungsgürtel. Längst schlie-ßen an den Garten bewaldete Partien an, eine trägt den programmatischen Namen Friedenswald.

1964 eröffnet, ist dieser Garten in gewis-ser Weise das Pendant zur nördlicher gele-genen Flora. Allerdings werden hier – der Namensteil »Forst« sagt es – die Gehölze favorisiert. Diese Bäume und Sträucher ver-dienen das Prädikat »einheimisch« nur sehr vereinzelt, sie stammen vielmehr aus aller Herren Länder. Imposant vertreten sind die nordamerikanischen Nadelhölzer, darunter der Riesen-Mammutbaum.

Mit seiner Vorliebe für die japanische Ab-teilung steht der Autor keineswegs allein. Al-lerdings duften beim Japanischen Kuchen-baum nicht die Blüten, sondern die Blätter um die Zeit des Laubabwurfs. Durch die Blüten wiederum bezaubern die Zierkirschen. Sie welken schnell dahin, während die ver-sammelten Rhododendren und Azaleen ih-re Blütezeit über einen guten Teil des Jahres verteilen.

Melancholiker kreiden dem Herbst die Verstärkung ihrer vorherrschenden Gemüts-lage an. Das Zentrum dieses Gartens könnte sie mit der Jahreszeit versöhnen. Untermalt von Wasserspielen zeigt der Fächer-Ahorn hier ein Laubwerkrot, das den Atem raubt. Mit anderen Worten, der Forstbotanische Garten bietet wirkliche Entdeckungen. Und für viele Kölner ist er selbst eine.

Fast vor der Haustür

Naturoasen

Es gibt sie noch, wenn auch oft genug nur an der Peripherie: Rare Tiere, seltene Pflanzen, die einen sicheren Platz einzig und allein auf den Roten Listen der Naturschutzbehörden haben. Unser Überblick gilt eher den Landschaften als ihren Einzelheiten. Die Krone gehört der Wahner Heide, obwohl sie nicht in vollem Umfang auf Kölner Stadtgebiet liegt.

Knöchelhoch und ganz weit oben – die Wahner Heide

Geeignete Objektive erfassen beide gleich scharf: die Maschine im Landeanflug und die rare Orchidee im Moor. Beide gehören zur Wahner Heide, die eine heikle Balance halten muss: als Flughafen-Standort und als eines der artenreichsten Naturschutzgebiete Nordrhein-Westfalens. Sie reicht im Osten und Süden über das Kölner Stadtgebiet hinaus, aber auch innerhalb der Stadtgrenzen gibt es genug heidetypische Natur.

Ihren Artenreichtum verdankt die Heide – so seltsam das klingen mag – auch der Inanspruchnahme als Truppenübungsplatz. Er hatte die Sperrung großer Bereiche zur Folge, und so blieb der Besucherdruck über lange Zeit gering.

Vorab: Heiden sind Naturräume von Menschenhand, das gilt auch für die Wahner Heide. Irgendwann gab der Sandboden nicht mehr genug her, und dann konnten nur noch die ganz genügsamen Schafrassen dort ein Auskommen finden. Wie die Bentheimer Schafe oder Moorschnucken, die hier derzeit den Aufwuchs kurz halten. Im Osten tun das sogar die exotischen Wasserbüffel.

Die Wahner Heide vereint trockene Partien bis hin zum bloßen Sand der Binnendünen und feuchte bis hin zu Bruchwäldern und Heidemooren. Hier vor allem finden sich die

Wahner Heide als Winterlandschaft.

größten grünen Kostbarkeiten. Schon der Königsfarn trägt seinen Namen wirklich zu Recht. Seine stattliche Erscheinung lässt vergessen, dass er, wie alle Farne, keine Blüten vorweisen kann. Im Juni zeigt sich die Moorlilie in der ganzen Pracht ihrer leuchtend gelben Blütenstände. Etwa zur gleichen Zeit trumpft auch das Gefleckte Knabenkraut auf. Die üppige Blütenähre dieser Orchidee zeigt ganz verschiedene Rottöne. Ihr naher Verwandter ist das absolut seltene Torfmoos-Knabenkraut. Es hat nordrhein-westfalenweit nur noch ein weiteres Vorkommen.

Auch andere Orchideen blühen auf der feuchten Heide. Sie zählen meist zu den augenfälligeren Arten, aber als zwei von den vielen unauffälligen müssen der Rundblättrige und der Mittlere Sonnentau genannt werden. Beide sind so genannte fleischfressende Pflanzen. Sie gleichen mit dem tierischen Eiweiß der Insekten aus, was ihnen der karge Boden an Nährstoffen verweigert.

Einen schönen Übergang von feucht zu trocken bieten Besen- und Glockenheide. Sie können sich auf einem Standort schon mal verzahnen und sind so auch ein Beispiel für das vielfältige Lebensraummosaik der Heide. Eigentlich ist die Glockenheide mit ihren altrosa Blüten die Heidepflanze der Dichter, aber den Naturraum beherrscht natürlich die Besenheide. Sie muss hier allerdings oft mit dem Besenginster konkurrieren, und würden die Menschen nicht immer wieder eingreifen, wäre es um das Heidekraut bald noch schlechter bestellt.

Aber auch auf den trockenen Böden gibt es bunte Blühaspekte. Dafür steht der Sandmagerrasen ein, dessen Leitart die Heidenelke ist. Ihr unglaubliches Pink hat in der heimischen Pflanzenwelt kaum Konkurrenz. Das dunkle Lila des Feld-Thymians kommt hinzu, und was seine Blüte an Strahlkraft vermissen lässt, machen seine Blätter durch kräftigen Duft wett. Nicht mit der Blüte, aber mit seinen Samenständen grundiert der Kleine Sauerampfer die Sandmagerrasen rostrot.

Über den Pflanzen dürfen die Tiere nicht vergessen werden, allen voran die Vögel. Besonders das sonst rare Schwarzkehlchen lässt sich auf der Wahner Heide noch recht häufig hören, auch dem Neuntöter behagt hier die Mischung aus of-

Wahner Heide

fenen Flächen und Gebüschinseln. Und wenn irgendein Vogel, dann gehört natürlich die Heidelerche hierhin. Während ihr Ruf andernorts verstummt ist, blieb er der Wahner Heide erhalten.

Vor allem dank der Besenheide huscht hier die Zaun-Eidechse noch durch die Botanik, manchmal dicht gefolgt von der noch selteneren Schlingnatter, deren Hauptnahrung Eidechsen sind ... Apropos Schlangen: Die Ringelnatter fühlt sich auf dem Trockenen ebenso wohl wie im Nassen, in einer alten Panzer-Waschanlage geht sie regelmäßig auf Jagd nach Fröschen. Und sogar die Gelbbauchunke lässt auf der Heide wieder ihr feines Läuten hören. Für diese Amphibie haben sich die Naturschützer besonders eingesetzt. Aber nicht nur sie wissen, was sie an der Heide haben.

Königsforst und Chorbusch

Heute bildet der Königsforst zusammen mit der Wahner Heide einen Verbund, den das »Forum Wahner Heide/Königsforst« zärtlich »Grüner Schatz« nennt, »Grüner Schatz im Ballungsgebiet«. Und es gibt Gut Leidenhausen mit seinem »Portal« zu Heide und Forst. Leidenhausen ist ein stimmungsvolles Hofensemble mit einer sehenswerten Ausstellung, es beherbergt eine Greifvogel-Station und eine Streuobstwiese als Obstmuseum. In seine Sanierung sind erhebliche Förder-, also öffentliche Gelder geflossen, aber vom öffentlichen Nahverkehr ist das Gut abgehängt – Kölner Capricen ...

Aus historischer Perspektive hat der Königsforst Vorrang. Sein Name hält gegenwärtig, dass die Wälder ursprünglich dem höchsten Herrscher gehörten und nur beim Königsforst hat sich diese Herkunftsbezeichnung bis heute erhalten. Später gingen die Forste an andere Herren über, der Königsforst kam in den Besitz der Kölner Kirche. Das geschah vermutlich kurz vor der ersten Jahrtausendwende, als mit dem Erzbischof Bruno ein Bruder Kaiser Ottos I. der hiesigen Erzdiözese vorstand.

3 000 Hektar groß, bieten sich die Autobahnen 3 im Norden und 4 im Süden für die Grenzziehung an. Und auch östlich lässt eine Straße den Forst mehr oder weniger abrupt enden,

dafür ist dieser Mauspfad eine uralte Wegverbindung. Im Westen gehen Königsforst und Wahner Heide ineinander über, den Übergang bekräftigt die Wildbrücke über die Rösrather Straße. So sollen die Wildtiere der beiden Naturräume wieder zusammenfinden, ohne unter die Räder zu geraten. Dem gleichen Zweck dient auch die Wildbrücke über der A 3.

Wie die Wahner Heide reicht auch der Königsforst über das Stadtgebiet hinaus, wie die Heide hat er einen hohen europäischen Naturschutzstatus (mit der ärgerlichen Folge, dass die Kölner ihre Pilze nun woanders sammeln müssen). Selbstredend ist aber auch der Königsforst alles andere als urtümliche Wildnis. Doch bietet er mit den Auwald-Galerien entlang seiner Bäche, den verschiedenen Buchenwald-Formationen und den Partien aus Eichen und Hainbuchen eindrucksvolle Waldbilder.

Königsforst.

Dass die Forstwirtschaft in jüngster Zeit zurückhaltender agiert, hat ihr etwa der Kolkrabe gedankt. Der größte heimische Rabenvogel, Stammgast auf der Roten Liste, lässt sich hier seit kurzem wieder hören. Auch der Schwarzspecht, der größte unter seinesgleichen, taucht im Königsforst wieder öfter auf.

Seltener Erwähnung als der rechtsrheinische Königsforst findet der linksrheinische Chorbusch. Im Kölner Nordwesten reicht auch er über die Stadtgrenze hinaus, hier bildet er eine Einheit mit dem Knechtstedener Wald. Seinen besonderen Wert macht zunächst einmal aus, dass er der einzige Wald auf weiter Flur ist. Und die imposanten Buchen deuten wenigstens an, dass auch der Chorbusch ein sehr alter Wald ist. In der Naturwaldzelle am Sandweg mischen sich unter die Stieleichen und Hainbuchen sogar einige Winterlinden.

Kiesgruben als Exil

Selbst im Chorbusch hat der Rhein das Waldbild mittelbar beeinflusst. Hier wurzeln die Bäume in seinen Ablagerungen, in einer allerdings jahrtausendealten Hinterlassenschaft. Fürs Protokoll: Auf Kölner Stadtgebiet ist der Rhein wenn nicht all-, dann doch umfassend gegenwärtig.

Auch die vielen Kiesgruben im Kölner Stadtgebiet sind ein Rheinerbe, unabhängig davon, wie weit entfernt der Strom heute an ihnen vorbeifließt. Und sie sind nicht nur Rheinerbe, sie sind – zumindest für die Tierwelt – auch Rheinersatz. Wo fände z. B. der Flussregenpfeifer noch eine Nistgelegenheit, wenn nicht auf ihren Schotterflächen, wo die Uferschwalbe noch eine Steilwand für ihre Brutröhren, wenn nicht am frisch abgegrabenen Hang einer Kiesgrube?

Früher wurden diese Löcher meist verfüllt und so dem Erdboden gleichgemacht. Nach gängiger Sprachregelung sollten »die Wunden in der Landschaft geschlossen werden«, manchmal praktischerweise mit Material, dem die ahnungsvolle Vokabel »Altlast« anhängt. Das immerhin ist heute anders. Von den 23 Kölner Naturschutzgebieten sind mehr als ein Drittel ehemalige Kiesgruben.

Von ihrer Nähe zum Wald profitiert die rechtsrheinische Grube »Am Hornpott«. Während andernorts noch immer die Förderbänder rattern, ist sie längst ausgebeutet. Der Rhein ist über 4 Kilometer weit entfernt, aber seinen hohen oder tiefen Wasserstand spiegelt die Grube immer noch wieder. Der »Hornpott« ist ein Eldorado für Wasser- und Watvögel, neben den Stammgästen rasten hier auch zahlreiche Durchzügler.

Fast schon wieder (Zweit-)Natur: Kiesgrube Hornpott (Dünnwald, rechtsrheinisch).

Ein Besuch lohnt sich schon deshalb, weil am Hornpott-Rand etliche Aussichtskanzeln eingerichtet wurden. Eine Beobachtung vom erhöhten Standpunkt ermöglichen gleichfalls die linksrheinischen Kiesgruben bei Meschenich, die ansonsten ein Zaun umgibt. Das bemerkenswerte Vorkommen der Rote-Liste-Art Seekanne muss hier mit dem Fernglas erkundet werden. Aber diese Sichthilfe kann auch bei den übrigen Gruben nicht schaden.

Von Schotter zu Schotter: das Rosmarin-Weidenröschen

Der Autor will es nicht übertreiben. Aber ein kleiner Nachtrag muss gestattet sein, eine einzige Art unter die Lupe kommen. Ohnehin beherbergen gerade die Städte an den großen Strömen erstaunlich viele rare Pflanzen. Nur stehen manche nicht dort, wo sie der reinen Lehre nach stehen müssten. Das kann schon mal eine Bauschuttdeponie sein, leider ein seiner Natur nach sehr unsicherer Standort.

Die Raritäten aufzuspüren gehört zu den Freuden der Kölner Stadtbotaniker. Häufig stoßen sie auf Arten mit Migrationshintergrund, die hier aus allen möglichen Weltgegenden anlanden. Aber – wirklich nur ein Beispiel – manche kommen auch von gar nicht so weit her. Das Rosmarin-Weidenröschen hat es, mancherlei Umwege vorausgesetzt, aus den Geröllschottern der Alpenflüsse in ein domstädtisches Gleisbett verschlagen. Steinig ist es hier auch – allerdings vor einer ziemlich anderen Kulisse.

*Rosmarin-
Weidenröschen.* ▶

Zum guten Schluss: Freitreppe und freie Sicht

Der Rheinboulevard

Manches liegt auf der Hand, muss aber doch in die Hand genommen werden. Kölner kennen das Lied »Luur ens von Düx no Kölle«, da geht es um den Zauber der Stadtansicht, des seit dem Mittelalter berühmten Panoramas. Aber es hat lange gedauert, diesen Blick auf die Schokoladenseite zu inszenieren. Dafür müssen sich beide lohnen: die Aussicht und ihr Standort.

Der (rechtsrheinische) »Rheinboulevard« hat endlich Gestalt angenommen. Auf der Strecke zwischen Deutzer und Hohenzollernbrücke schwingt eine großzügige Freitreppe zum Strom hinab. Gut 500 Meter lang, bietet sie vielen Schaulustigen Platz. Denn sie ist weniger zum Hinaufsteigen oder Herabkommen gedacht als zum Verweilen. Diese Stufen laden zum Sitzen ein wie die Bänke eines Amphitheaters: Die beiden Kölner Rheinseiten ergänzen sich wie Zuschauerraum und Bühne.

Deshalb bleibt auch das Grummeln (Kostenexplosion, lange Bauzeit, nachlässiger Umgang mit den Denkmälern) erst einmal im Hintergrund. Vielmehr gilt die Blickbrücke. Sie eröffnet beiderseits des großen Stroms ein großes Versprechen. Hier empfängt Köln mit offenen Armen.

Webadressen der in diesem Buch vorgestellten Sehenswürdigkeiten

»E Jeföhl«
www.koelsch-akademie.de
www.koelsch-woerterbuch.de/das-koelsche-grundgesetz

Die fünfte Jahreszeit
www.karneval.de/rosenmontagszug.aspx
www.karneval.de/Traditionskorps.aspx

Kölsch
www.koeln.de/koeln/essen_und_trinken/brauhaeuser
www.koelner-wanderweg.de
www.rheinische-industriekultur.de/objekte/koeln/Suenner_Brauerei/suenner.
html

Nie ohne seinen Strom
www.hda-koeln.de/projekte.html
www.koelntourismus.de/stadterlebnis/stadt-des-wassers/der-rhein/rheinbrue-
cken.html

Doch kein Fließ-Band
www.naturschutzinformationen-nrw.de/nsg/de/fachinfo/gebiete/gesamt/K_009
www.wasserlauf-nrw.de/seiten.php?ID=3&ID2=46&nav=2

Köln im Mittelalter
www.museenkoeln.de/portal/bild-der-woche.aspx?bdw=2010_09
www.rheinische-geschichte.lvr.de/themen/Epochen%C3%BCbergreifend/Sei-
ten/DerK%C3%B6lnerStapel.aspx

Gut gelitten
www.rheinische-geschichte.lvr.de/persoenlichkeiten/U/Seiten/Ursula.aspx

Jüdisches Köln
www.museenkoeln.de/archaeologische-zone/default.asp?s=2746

Immer noch Zentrum
www.denkmalplatz.de/fastnachtsbrunnen-auf-dem-guelichplatz-koeln/
http://farina.org/willkommen
www.stadt-koeln.de/leben-in-koeln/familie-kinder/ehe-lebenspartnerschaft/his-
torisches-rathaus
https://de.wikipedia.org/wiki/Alter_Markt_%28K%C3%B6ln%29

Daran führt kein Weg vorbei
www.baukunst-nrw.de/objekte/St-Pantaleon-Koeln--629.htm
www.romanische-kirchen-koeln.de

Weltkulturerbe und Publikumsmagnet
www.koelner-dom.de

Friedhof und Stadtoase
www.melatenfriedhof.de/html/meta/cont_home.htm
www.stadt-koeln.de/leben-in-koeln/freizeit-natur-sport/veranstaltungskalen-
  der/geusenfriedhof-das-unbekannte-juwel-koelner-friedhoefe

»Schäl Sick«
http://biogarten-thurnerhof.de
http://rheinische-industriekultur.de/objekte/koeln/carlswerk_gesamt/carlswerk_
  gesamt.html
www.rheinische-industriekultur.de/objekte/koeln/Postpostamt%20Deutz/post-
  packetamt.html
www.schloss-wahn.de

Standort und Stehvermögen
www.baukunst-nrw.de/objekte/Hauptbahnhof-Koeln--450.htm
www.deutz.de/unternehmen/technikum.de.html
www.medienstadt.koeln/
www.konrad-adenauer.de/dokumente/weitere-dokumente/vertrag-ford
www.rheinische-industriekultur.de/objekte/koeln/Bf%20Deutz/bf_deutz.html
www.rheinische-industriekultur.de/objekte/koeln/Gasmotorenfabrik_Deutz/
  gasmotorenfabrik_deutz.html
http://rheinische-industriekultur.de/objekte/koeln/van%20oder%20zypen/van-
  derzypen.html
https://de.wikipedia.org/wiki/K%C3%B6lner_Autobahnring

Weitgefächert
www.goethezeitportal.de/index.php?id=6680
www.koelnmuseum.de
www.kolumba.de
www.lit-cologne.de
www.museenkoeln.de
www.museum-ludwig.de
www.museum-schnuetgen.de
www.wallraf.museum

Zeichen setzen
www.raederscheidt.com/Wilhelm_Riphahn.html
www.rheinauhafen-koeln.de

Ohne Rekordflut
www.blb-koeln.de
www.dshs-koeln.de
www.fc-koeln.de
www.haie.de
www.koeln-galopp.de
www.rot-weiss-koeln.de/index.php/hockey

»Arsch huh« – Ein Zwischenkapitel
www.arschhuh.de
http://birlikte.info

Dunkelziffern
www.stadt-koeln.de/leben-in-koeln/kultur/historisches-archiv

Kölner Doppel

www.freundeskreis-flora-koeln.de/flora2/index.php?option=com_content&view
   =frontpage&Itemid=100001

www.koelnerzoo.de

www.stadt-koeln.de/leben-in-koeln/freizeit-natur-sport/parks/forstbotanischer-
   garten

Fast vor der Haustür

www.gut-leidenhausen.de

www.koelnerzoo.de/artenschutz/europaasien/ginsterpfad/

www.königsforst.net

http://nabu-leverkusen.de/natur-in-leverkusen/biotope-und-nsgs/nsg-hornpott-
   kiesgrube

www.natur-erleben-nrw.de/natura-2000/regionen-und-gebiete-in-nrw/details/
   knechtstedener-wald-mit-chorbusch/

www.wahnerheide.net

Zum guten Schluss

www.stadt-koeln.de/leben-in-koeln/freizeit-natur-sport/projekte/rheinboule-
   vard

263

Ortsregister